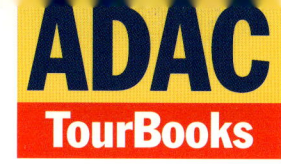

ADAC
TourBooks

Die schönsten Motorrad-Touren

Nordrhein-Westfalen
Ruhrgebiet, Sauerland und Bergisches Land

17 ausgewählte Traumrouten

INHALTSVERZEICHNIS

INHALTSVERZEICHNIS

Der Reiz der großen Vielfalt

Fragt man einen Rheinländer, etwa den Kölner Kabarettisten Jürgen Becker, nach dem Zusammenleben von Westfalen und Rheinländern, so lautet die Antwort: »Es ist furchtbar. Aber es geht.« Na, immerhin. In der Tat sind die Unterschiede der beiden Namensgeber des viertgrößten – und mit 18 Millionen Einwohnern sogar bevölkerungsreichsten – deutschen Bundeslandes beacht-

lich, und nicht immer ist der Umgang miteinander von Harmonie und Sympathie geprägt. Feierwütige, sprunghafte Hallodris seien die Rheinländer, behauptet man in den nördlichen und östlichen Landstrichen. Als zu bodenständig oder gar hinterwäldlerisch schert man am Mittel- und Niederrhein die Westfalen gerne über einen Kamm. Kommt es jedoch zu verbalen Reibe-

reien, sind diese fast immer von ironischem Augenzwinkern begleitet. Und ganz egal, wie sehr einzelne Klischees tatsächlich zutreffen, eines ist sicher: Wer Nordrhein-Westfalen mit dem Motorrad bereist, profitiert von der Vielfältigkeit der Temperamente seiner Bewohner und seiner Landschaften.

Von tristem Grau zu Grün

Besiedelt war der Kölner Raum schon in der Steinzeit. Mit Cäsar kamen die Römer an den Rhein und blieben, bis sie im 5. Jahrhundert von den Franken vertrieben wurden. Das Kernland des Reiches Karls des Großen lag im heutigen Nordrhein-Westfalen. Im Mittelalter begann man mit dem Bau des Kölner Doms. Mächtig wurden die Kölner Erzbischöfe, die seit 1028 die römisch-deutschen Könige krönten. 1648 fand mit dem Westfälischen Frieden in Münster der Dreißigjährige Krieg ein Ende. Im Zuge der Französischen Revolution fielen die linksrheinischen Gebiete an Frankreich, 1815 gelangten Westfalen und das Rheinland zu Preußen.

Mit der zunehmenden Industrialisierung entwickelte sich das Ruhrgebiet zeitgleich zur Bergbau- und Industrieregion, Bergleute aus Schlesien und Polen zogen vor mehr als 100 Jahren als Arbeitskräfte an die Ruhr. Rauchende Schlote und graue Tristesse prägten bis weit ins 20. Jahrhundert hinein das typische Bild vom Ruhrgebiet.

1946 wurde auf Beschluss der britischen Militärregierung das Land Nordrhein-Westfalen gebildet, Düsseldorf zur Landshauptstadt bestimmt. In den Zeiten des Wirtschaftswunders benötigte das Ruhrgebiet weitere Arbeitskräfte. Diesmal kamen sie als Gastarbeiter aus Süd- und Südosteuropa und das Ruhrgebiet erwies sich erneut als der

große Schmelztiegel. Doch mit dem Rückgang der Industrieproduktion wurde das Ruhrgebiet zum Sorgenkind der alten Bundesrepublik.

Schließlich gelang jedoch der Umschwung. Zuerst wurde der Himmel wieder blau, dann entdeckte man die grüne Ruhr und seit Neuestem zeigt sich der »Pott« von seiner bunten, vielfältigen Seite: Stahlwerke wurden zu Freizeit-

parks und Museen umgestaltet, an Hochöfen kann man Kletterkünste erproben, in alten Gasometern tauchen. Ausstellungen, Konzerte und Gastronomie locken zahlreiche Besucher an.

Touren und genießen

Für Motorradfahrer ist Nordrhein-Westfalen ein ausgesprochen interessantes und vielseitiges Gebiet zum Touren, zum Entdecken und zum Wohlfühlen. Wahr-

scheinlich deswegen hat das Motorradfahren an Ruhr und Rhein seit jeher einen hohen Stellenwert. Immerhin verfügt das Wirtschaftsland Nordrhein-Westfalen über 14 großflächige, reizvolle Naturschutzgebiete; ein Viertel des Landes ist mit Wald bedeckt.

In den nördlichen Landesteilen bieten sich geruhsame Fahrten an – zu den Wasserschlössern des Münsterlandes (Route 2), entlang des breit dahinfließenden Niederrheins (Route 3) oder –

für manchen vielleicht überraschend – an der grünen Ruhr (Route 1). Besonders spannend wird die Reise im Jahr 2010, wenn die Augen Deutschlands und der Welt auf die Region gerichtet sind: Essen und das Ruhrgebiet bieten als Europäische Kulturhauptstadt 2010 ein innovatives Rahmenprogramm mit zahlreichen Veranstaltungen.

Das wahre Motorradparadies Nordrhein-Westfalens aber liegt südlich: Vielfältige und ausgedehnte Touren unterschiedlicher Schwierigkeitsgrade führen durch das Bergische Land (Route 11–17) und das Sauerland (Route 4–10). Höhepunkt ist, der Name deutet es an, das Hochsauerland (Route 4, 7–8), hier kommen selbst anspruchsvolle Fahrer voll zu ihrem Recht. Auch das Siegerland (Route 16–17) hält

für kurvensüchtige Biker manche Offenbarung bereit. Zur schnellen Orientierung sind die schönsten, spannendsten Streckenabschnitte und Sehenswürdigkeiten jeder Route mit rotem Pfeil als ADAC-Top-Tipp gekennzeichnet.

Klima und Reisezeit

Das Wetter in Nordrhein-Westfalen wird vom Meer bestimmt. Im Bergischen Land und im Sauerland regnet es im Vergleich zum Rest der Republik relativ häufig. Auf eine Regenkombi im Gepäck sollte man daher auch während der Sommermonate möglichst nicht verzichten. Der Winter kann wegen des vorherrschenden Schmuddelwetters als Reisezeit kaum empfohlen werden. Wärmende Unterwäsche und Heizgriffe sind in den übrigen Jahreszeiten angeraten.

Ruhrgebiet

Bunter Pott

Von Duisburg nach Hagen

ROUTE 1

(A) **Ausgangsort**
Duisburg (47137)

(E) **Zielort**
Hagen (58099)

 93 km    ★★   ★★

Straßentypen (in Prozent der Streckenlänge)

65	35

■ Landstraße/asphaltierte Nebenstraße
■ Bundesstraße/Schnellstraße

Diese Tour können Sie mit Route 3 kombinieren.

i **Regionalverband Ruhr**
Kronprinzenstraße 35 / Postfach 10 32 64
D-45128 Essen
Tel. 02 01/206 90
info@rvr-online.de
www.metropoleruhr.de

(➜ *weitere Adressen siehe Seite 187*)

Das Sorgenkind der alten Bundesrepublik hat sein Gesicht geändert. Zuerst wurde der Himmel wieder blau, dann entdeckte man die grüne Ruhr und inzwischen zeigt sich der Pott von seiner bunten, vielfältigen Seite. Stadtverkehr und landschaftlich reizvolle Passagen wechseln sich ab. Häufige Geschwindigkeitsbeschränkungen hemmen aber zeitweise den Vorwärtsdrang.

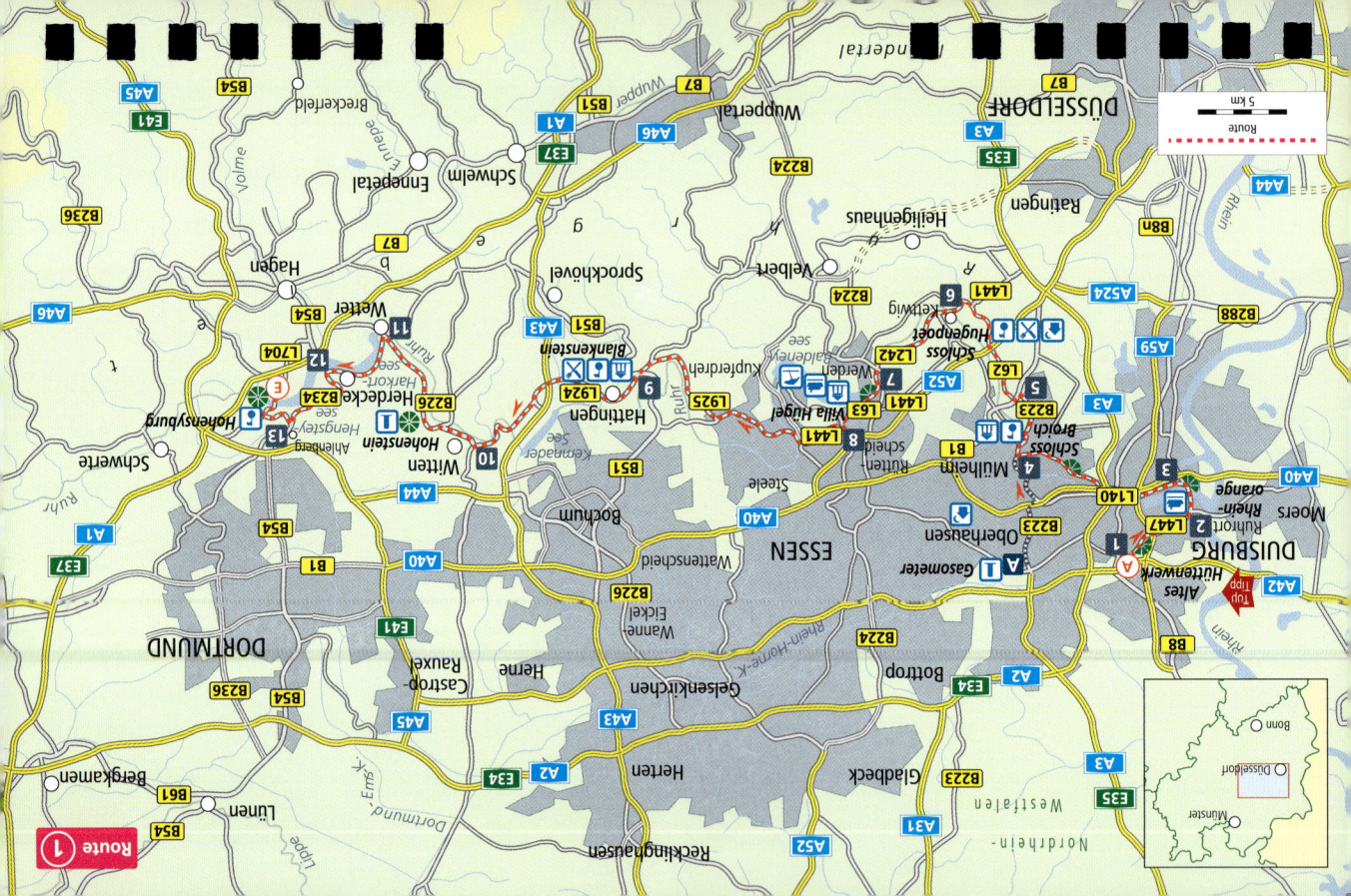

Tour-Stationen auf einen Blick

Tourlänge: 93 km

Nr.	Ort	PLZ	GPS-Koordinaten
Ⓐ	Duisburg-Meiderich	D-47137	N 51 28.767 E 06 47.581
2	Duisburg-Ruhrort	D-47119	N 51 27.363 E 06 43.986
3	Mülheim a. d. Ruhr	D-45468	N 51 25.624 E 06 53.190
4	Kettwig	D-45219	N 51 22.019 E 06 56.523
5	Werden	D-45239	N 51 23.308 E 07 00.324
6	Baldeney	D-45134	N 51 24.697 E 07 01.486
7	Hattingen	D-45525	N 51 23.691 E 07 11.152
8	Witten	D-58452	N 51 26.248 E 07 20.238
9	Wetter	D-58300	N 51 23.256 E 07 23.707
10	Herdecke	D-58313	N 51 23.994 E 07 25.862

Nr.	Ort	PLZ	GPS-Koordinaten
11	Ahlenberg	D-58313	N 51 25.666 E 07 27.893
12	Hengsteysee	D-58099	N 51 25.073 E 07 28.680
Ⓔ	Hagen	D-58089	N 51 21.740 E 07 27.685

Die Übersicht ist fortlaufend nummeriert und enthält neben den Etappenpunkten zur Orientierung ggf. weitere Orte entlang der Route; Referenzsystem der GPS-Koordinaten: WGS84

1

5 km

L447

 Ⓐ

Vom Duisburger Landschaftspark aus der Emscher-straße 500 m folgen, dann rechts auf die L447 und 4,5 km bis zum Nordhafen/Ruhrort.

Strecke: Stadtdurchfahrt Duisburg-Meiderich.

TOP TIPP **Info:** Das Areal des Landschaftsparks Duisburg-Nord umfasst eine Fläche von rund 230 Fußballfeldern. Einst wurde hier Roheisen produziert. Heute dient das stillgelegte Hüttenwerk als Freizeit- und Kulturzentrum und bietet u.a. Kletterparcours, Restaurants und Führungen zur Industriegeschichte. Abends spektakulär illuminiert!
Besucherzentrum Tour-de-Ruhr im Landschaftspark Duisburg-Nord, Emscherstraße 71, 47137 Duisburg, Tel. 02 03/429 19 19, www.landschaftspark.de

2

2 km

–

Am Kreisel in Ruhrort die 2. Ausfahrt nehmen und 2 km über die Ruhrbrücke zur anderen Flussseite.

Info: Der Rhein-Ruhr-Hafen ist einer der größten Binnenhafen Europas und lässt sich mit einer Hafenrundfahrt ab Duisburg-Ruhrort erkunden (www.duisport.de). Die Mündung der Ruhr in den Rhein markiert ein riesiger Stahlquader namens Rheinorange. Er ist 25 Meter hoch, sieben Meter breit, einen Meter tief und wiegt 83 Tonnen.

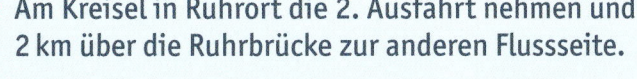

Das Rheinorange vor der Kulisse des Duisburger Hafens.

3

12 km

L140
K3

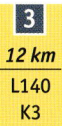

Jetzt im Kreisel die 3. Ausfahrt nehmen und auf den Ruhrdeich. Auf der L140/K3 entlang der Ruhr 12 km geradeaus bis nach Mülheim fahren.

Strecke: Tuckern durch eine Flusslandschaft mit Panoramablick auf die Kulisse einer vergehenden Industriekultur.

Info: Schloss Broich am linken Ruhrufer nahe der Mülheimer Innenstadt lohnt einen Kurzbesuch. Die Geschichte des mittelalterlichen Wehrbaus reicht bis ins 9. Jahrhundert zurück. Im Innern kann ein Kunst- und Heimatmuseum besichtigt werden.

Event-Tipp: Jedes Jahr im Juni swingen die alten Gemäuer von Schloss Broich beim mehrtägigen Mülheimer Jazz-Festival – ein Veranstaltungs-Highlight der Stadt. Neben dem Schloss gibt es weitere Spielstätten in der Innenstadt und selbst auf der Ruhr wird gejazzt: Die Konzertbootflotte des »Riverboat-Shuffle« legt am Mülheimer Wasserbahnhof ab (www.muelheim-ruhr.de).

4

4 km

B223

Kurz vorm Mülheimer Zentrum rechts auf die B223 abbiegen. Am Ruhrufer entlang 4 km bis zur Einmündung in die B1.

A Oberhausen

ⓘ Info: Der Oberhausener Gasometer besticht als riesiger Ausstellungsraum und durch seine Aussicht in 117 Meter Höhe über das »grüne« Ruhrgebiet. Direkt neben dem Gasometer liegt das Centro, das größte Einkaufscenter Europas. Von Mülheim 6 Kilometer über die B223 Richtung Norden.

Hoteltipp: Das Best Western Parkhotel bietet kostenfreie Abstellplätze fürs Motorrad und eine Trockenmöglichkeit für die Kombis.
Teutoburger Straße 156, 46119 Oberhausen, Tel. 02 08/690 20, www.parkhotel-oberhausen.bestwestern.de €€

Event-Tipp: Die Sterkrader Fronleichnamskirmes im Juni, das größte Volksfest im Ruhrgebiet, dauert 5 Tage (www.fronleichnamskirmes.de).

5

7,5 km

B1

L62

An der B1 links, nach 500 m wieder rechts und 7 km auf der L62 durchs Ruhrtal bis Kettwig.

Strecke: Raus aus dem Stadtverkehr und Fahrt durchs dünn besiedelte Ruhrtal – eine Idylle mit weiten Feldern.

Restaurant- und Hotel-Tipp: Schloss Hugenpoet in Kettwig – ein echtes Wasserschloss und gleichzeitig eine noble Unterkunft mit angeschlossenem, hervorragendem Gourmet-Restaurant.
Hotel Schloss Hugenpoet, August-Thyssen-Straße 51, 45219 Essen-Kettwig, Tel. 020 54/120 40, www.hugenpoet.de €€€

6

6,5 km

L 242

In Kettwig links und über den Fluss, dann auf die L242 und links der Ruhr 6,5 km bis nach Werden.

Info: Das früher selbstständige Kettwig gehört heute zu Essen, ist aber ein eigenes kleines Städtchen am Ruhrstausee. Die malerische Altstadt mit ihren klassizistischen Bürgerhäusern ist beliebt bei Touristen und eignet sich zum Bummeln. Am See kann man entspannen, Boote mieten – oder einfach nur die Enten füttern.

Zwischenstopp: die Villa Hügel der Industriemagnatenfamilie Krupp.

ROUTE 1

7

4,5 km

B224
L63

An der Brücke in Werden geradeaus auf die B224, nach 0,5 km rechts auf die L63, 4 km bis Baldeney.

Strecke: Am Baldeneysee entlang mit reizvoller Aussicht auf die Ruhr.

Info: Im Freibad am Baldeneysee kann man sich sonnen und im glasklaren Wasser des Sees baden.

Die 1873 fertiggestellte Villa Hügel war bis 1945 das Domizil der Industriellen-Familie Krupp. Sie ist durch eine kurze Stichstraße von der Uferstraße zu erreichen. Sehenswert sind die historischen Wohnräume. Es gibt auch wechselnde Sonderausstellungen.
Villa Hügel , 45133 Essen, Tel. 02 01/616 29 17, www.villahuegel.de, tgl. 10–16 Uhr.

8

16 km

L441
L925

In Baldeney rechts, 16 km zuerst auf der L441 über die Ruhr, dann auf der L925 bis nach Hattingen.

Strecke: Kleine Straßen durch eine wilde Industrielandschaft.

Info: Die Hattinger Henrichshütte lohnt einen Stopp. Im traditionsreichen einstigen Eisenhüttenwerk befindet sich ein Industriemuseum. Drei Rundwege erschließen das 50 000 Quadratmeter große Gelände.
LWL-Industriemuseum, Henrichshütte in Hattingen, Werksstraße 31–33, 45527 Hattingen, Tel. 023 24/924 70, www.lwl.org, Di–So 10–18 Uhr.

Die Henrichshütte in Hattingen
dient heute als Museum.

9

12 km

B51
L924

In Hattingen rechts auf die B51, gleich wieder links, 12 km auf der L924 über Blankenstein nach Witten.

Strecke: Ein Stück »grüne Ruhr«.

Info: Die romantische Burg Blankenstein liegt auf einem Felssporn über der Ruhr und ist für Motorradfahrer ein beliebtes Ausflugsziel. Im alten Gemäuer werden verlockende Grillspezialitäten angeboten. Restaurant Burg Blankenstein, Burgstraße, 45527 Hattingen-Blankenstein, Tel. 023 24/332 31, www.burgblankenstein.de

10

8 km

B226

In Witten rechts auf die B226 und 8 km bis Wetter.

Strecke: Schöne Bundesstraße entlang der Ruhr.

Info: Vom Aussichtsturm auf dem Hohenstein bei Witten sieht man auf der einen Seite die industrielle Ruhr mit Eisenbahnbrücken und Stahlwerk, auf der anderen blickt man auf bewaldete Inselchen im Fluss; auf dem Wasser ziehen Rennruderboote ihre Bahnen.

11

5 km

B234

In Wetter links, 5 km auf der B234 bis Herdecke.

Strecke: Entspanntes Fahren am Harkortsee entlang.

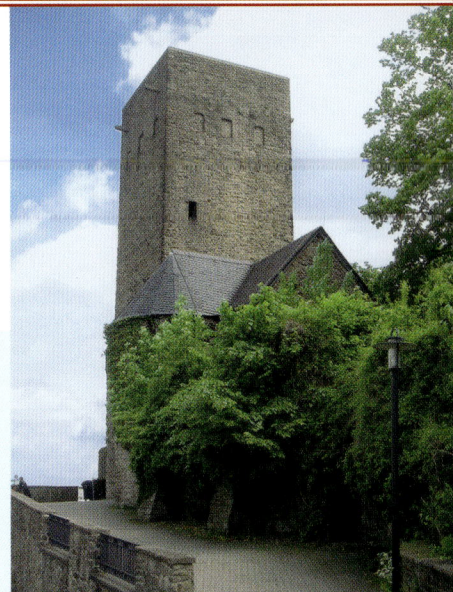

Beliebtes Ausflugsziel:
Burg Blankenstein bei Hattingen.

ROUTE 1 Ruhrgebiet – Bunter Pott

12
6 km
B234

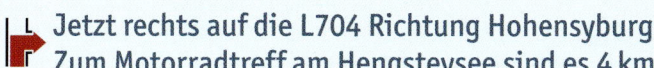 In Herdecke links, 6 km auf der B234 bleiben bis zur Abzweigung der L704 bei Ahlenberg.

13
4 km
L704

Jetzt rechts auf die L704 Richtung Hohensyburg. Zum Motorradtreff am Hengsteysee sind es 4 km.

Strecke: Die Serpentinenabfahrt von Syburg zur Ruhr ist eine beliebte, sportliche Motorradstrecke.

Info: Die steinerne Syburg, einst Höhenburg der Kölner Erzbischöfe, wurde Mitte des 12. Jahrhunderts auf dem rund 250 Meter hohen Syberg errichtet. Nahe der Burgruine befindet sich die Spielbank Hohensyburg, die zu den umsatzstärksten Casinos Deutschlands zählt (www.spielbank-hohensyburg.de).

Event-Tipp: Einer der ältesten Motorradtreffs, ein Muss für jeden wahren Biker: Bis zu 500 Motorräder versammeln sich täglich auf dem Parkplatz am Hengsteysee unterhalb der Hohensyburger Serpentinen.

Ⓔ

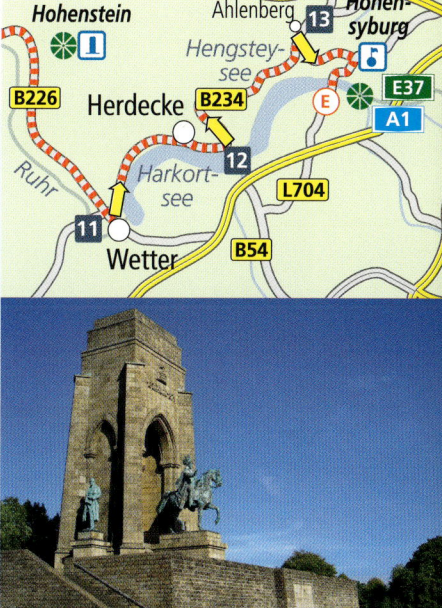

Das Kaiser-Wilhelm-Denkmal an der Hohensyburg.

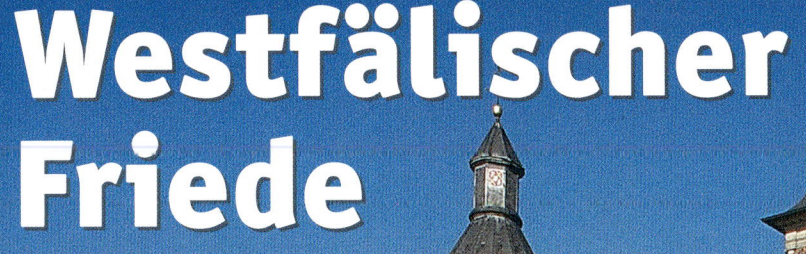

Westfälischer Friede

Von Isselburg-Anholt nach Münster

ROUTE 2

Ⓐ **Ausgangsort**
Isselburg (46419)

Ⓔ **Zielort**
Münster (48143)

 189 km   🏍 ★★★   🏍 ★★

Straßentypen (in Prozent der Streckenlänge)

80	20

■ Landstraße/asphaltierte Nebenstraße
■ Bundesstraße/Schnellstraße

Diese Tour können Sie mit Route 3 kombinieren.

ℹ **Münsterland e. V.**
Hüttruper Heide 71–81, D-48268 Greven
Tel. 025 71/94 93 92
Kostenlose Hotline: 08 00/939 29 19
touristik@muensterland.com
www.muensterland-tourismus.de

(➜ *weitere Adressen siehe Seite 187*)

Wasserschlösser gehören zum Münsterland ebenso wie goldgelbe Getreideteppiche, saftig grüne Pferdekoppeln und ein weiter Horizont. Unter blauem Himmel mit hohen Wolkenschiffen gleitet man hier von einem Schloss zum anderen. Eine Tour durchs Münsterland stellt keine besonders hohen Anforderungen an den Fahrer und ist somit bestens für Anfänger und Wiedereinsteiger geeignet.

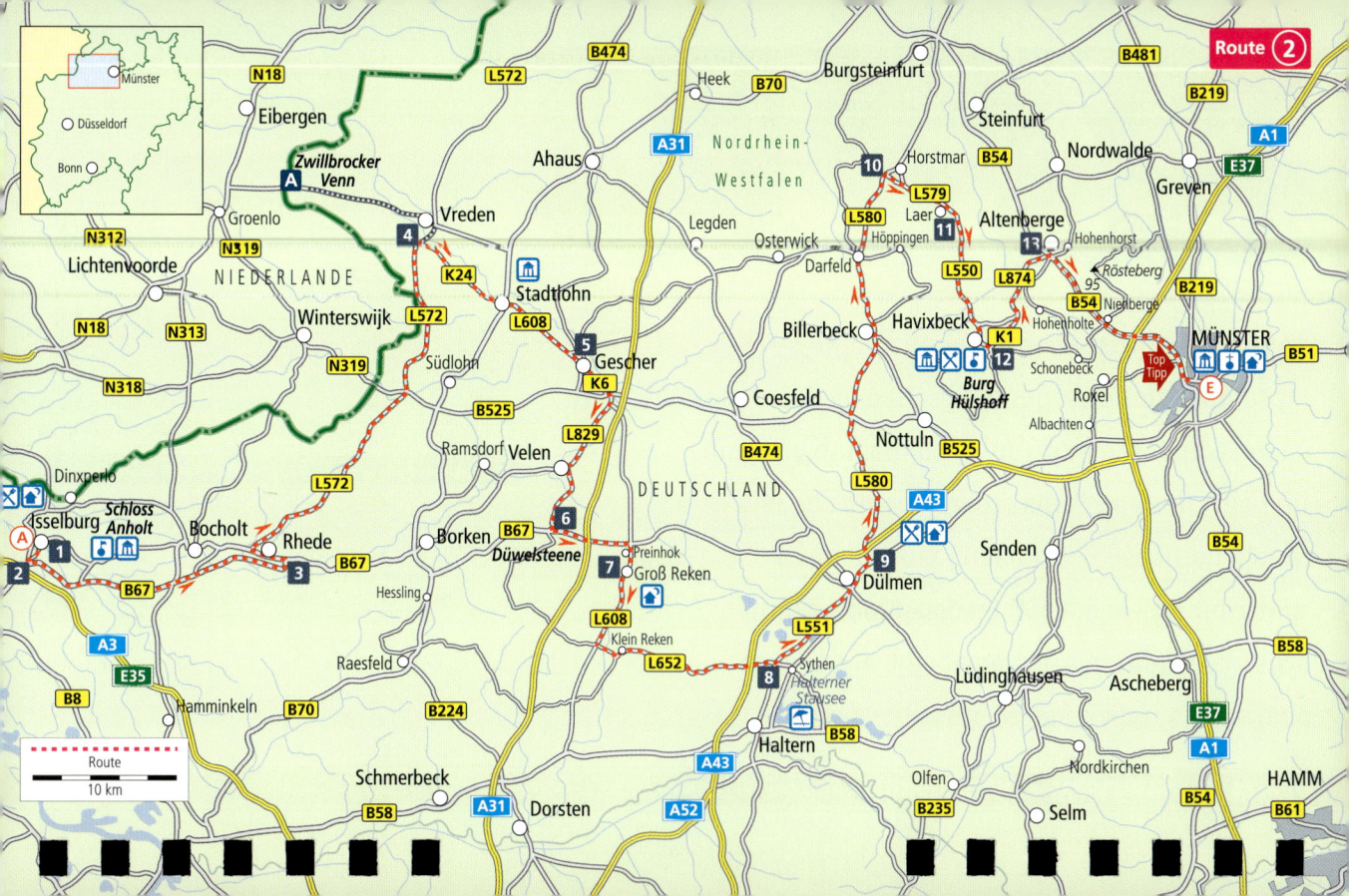

Tour-Stationen auf einen Blick

Tourlänge: 189 km

Nr.	Ort	PLZ	GPS-Koordinaten
(A)	Isselburg	D-46419	N 51 50.028 E 06 27.774
2	Rhede	D-46414	N 51 50.450 E 06 41.841
3	Vreden	D-48691	N 52 02.111 E 06 49.423
4	Stadtlohn	D-48703	N 51 59.440 E 06 55.019
5	Gescher	D-48712	N 51 57.322 E 07 00.639
6	Velen	D-46342	N 51 53.680 E 06 59.475
7	Groß Reken	D-48734	N 51 49.901 E 07 02.787
8	Sythen	D-45721	N 51 46.496 E 07 13.376
9	Dülmen	D-48249	N 51 49.715 E 07 16.670
10	Billerbeck	D-48727	N 51 58.661 E 07 17.098

Nr.	Ort	PLZ	GPS-Koordinaten
11	Horstmar	D-48612	N 52 04.656 E 07 17.685
12	Laer	D-48366	N 52 03.377 E 07 21.934
13	Havixbeck	D-48329	N 51 58.471 E 07 24.462
14	Altenberge	D-48341	N 51 02.112 E 07 28.232
(E)	Münster	D-48143	N 51 57.691 E 07 37.275

Die Übersicht ist fortlaufend nummeriert und enthält neben den Etappenpunkten zur Orientierung ggf. weitere Orte entlang der Route; Referenzsystem der GPS-Koordinaten: WGS84

1
2 km
K5

Das Isselburger Zentrum verlassen, 2 km geradeaus über die K5 Richtung Autobahn.

Strecke: Raus aus der Stadt, an Feldern und Wiesen vorbei.

Restaurant- und Hotel-Tipp: Das sehenswerte Wasserschloss Anholt im Isselburger Ortsteil Anholt beherbergt ein kleines Museum, ein feines Hotel und ein exklusives Gourmet-Restaurant.

Hotel-Restaurant Schloss Anholt, Klever Straße, 46419 Isselburg-Anholt, Tel. 028 74/45 90, www.burg-hotel-anholt.com €€€

2
19 km
B67

Vor der Autobahn links auf die B67 und 19 km über Bocholt bis Rhede.

Strecke: Ausgebaute Bundesstraße mit Stadtdurchfahrt Bocholt.

3
30 km
L572

In Rhede von der B67 zweimal links auf die L572 abbiegen und 2 km durch den Ort. Dann rechts und 28 km auf der L572 Richtung Vreden.

Strecke: Nach Rhede reizvolle Nebenstraße durch ländliches Gebiet.

A Zwillbrocker Venn

Info: Wilde Natur findet man 10 Kilometer westlich von Vreden nahe der niederländischen Grenze im Natur- und Vogelschutzgebiet Zwillbrocker Venn. Mittendrin befindet sich der Lachmövensee, ein idyllisches Zuhause für Vögel, mit einer Ausdehnung von 35 Hektar. Touristenattraktion sind die exotischen Flamingos, die hier ihre nördlichste Brutstätte haben.

Das Motorrad muss beim Ausflug ins Venn natürlich draußen bleiben, aber auf Rundwanderwegen kann das Naturparadies auch gut zu Fuß erkundet werden. Die Biologische Station Zwillbrock bietet zudem mehrere thematische Führungen an.

Biologische Station Zwillbrock, Zwillbrock 10, 48691 Vreden, Tel. 025 64/986 00, www.bszwillbrock.de

4

17 km

K24

Am Ortseingang Vreden links und gleich wieder rechts auf den Südlohner Diek. Dann rechts auf die K24 und 16 km über Stadtlohn ins Gescher Zentrum.

Info: In Stadtlohn lohnt es sich, einen Halt einzulegen und in Kindheitserinnerungen zu schwelgen. Tausende von Modellautos der Firmen Siku und Audi lassen Freude und Rührung aufkommen: So viel Vielfalt in Form und Gestalt von Automobilen ist zu bestaunen, gerade auch aus jener Zeit, als noch nicht der Windkanal das Design prägte.
Modellautomuseum, Bessemerstraße 4, 48703 Stadtlohn, Tel. 025 63/20 59 29, www.automodelle-hoeing.de, Mo–Do 17–19, So 11–16 Uhr.

Die mächtigen Düwelsteene.

5

14 km

K6
L829

In Gescher rechts und auf der Bahnhofstraße (K6) 3 km ortsauswärts. Die B525 kreuzen und 11 km auf der L829 Richtung Heiden bis zur B67.

Info: Nahe der Einmündung in die B67 liegen im Wald die Düwelsteene. Archäologen sehen in ihnen die Reste eines 4 000 Jahre alten Hünengrabes; der Legende nach hat sie jedoch der Teufel hierher geschleudert – aus Wut über die Einweihung des Aachener Doms.

Biker unter sich im Münsterland.

6

8 km

B67

L608

Links auf die B67 und 5 km Richtung A31, bei Prein-hok rechts (L608) und 3 km bis nach Groß Reken.

Strecke: Gut ausgebaute Landstraße durch das waldreiche Gebiet des Naturparks Hohe Mark.

7

20 km

L608

L652

In Groß Reken geradeaus auf die L608 und 6 km bis Klein Reken. Hier links auf die L652 und der Straße 14 km Richtung Sythen folgen.

8

8 km

L551

Kurz vor Sythen links, 8 km auf der L551 nach Dülmen – ins Zentrum der Stadt.

Strecke: Durch die Seenlandschaft des Naturparks Hohe Mark.

Info: Von Sythen ist es nicht weit zum Halterner Stausee. Am Sandstrand des Seebades herrscht im Sommer fast schon maritimes Flair.

Restaurant- und Hotel-Tipp: »Biker's Farm«, ein bei Dülmen am See gelegener Bikertreff mit Hotel. Übernachten kann man auch im Matratzenlager oder im Zelt. In der Scheune ist Platz für die Motorräder.
Bikers Farm, Limbergen 9, 48249 Dülmen-Buldern, Tel. 025 90/917 80,
www.bikers-farm.de €

9
31 km
L580

 Im Zentrum Dülmen links – über die Billerbecker Straße – auf die L580, dann 31 km über Billerbeck und Darfeld bis Horstmar.

Strecke: Ab Billerbeck wird die Fahrt abwechslungs- und kurvenreicher.

10
5 km
L579

Schon vor Horstmar rechts abbiegen, 5 km auf der L579 bis nach Laer.

11
11,5 km
L550

In Laer weiter geradeaus, jetzt 11,5 km auf der L550 bis nach Havixbeck.

Info: Auf Burg Hülshoff, einer typischen münsterländischen Wasserburg, wurde die bedeutende deutsche Dichterin Annette von Droste-Hülshoff (1797–1848) geboren. Die Anlage, zwischen Havixbeck und Roxel gelegen, kann kostenlos besichtigt werden. Einblicke ins Leben des Landadels der damaligen Zeit erhält man im Museum, das im Herrenhaus untergebracht ist. Im alten Kellergewölbe des Anwesens befindet sich ein Restaurant/Café.
Burg Hülshoff, Schonebeck 6, 48329 Havixbeck, Tel. 025 34/10 52,
www.burg-huelshoff.de, Park, Museum und Restaurant/Café: tgl. 11–18.30 Uhr.

Gutshof bei Havixbeck.

12
9 km
K1
L874

13
14 km
B54

In Havixbeck links auf die K1 und 9 km geradeaus – später auf der L874 – in Richtung Altenberge.

Strecke: Lohnender Schlenker durch die Baumberge. Jetzt kommen echte Motorradfreuden auf!

Am Gewerbegebiet vor Altenberge rechts auf die B54 und 14 km bis nach Münster.

Strecke: Auf der viel befahrenen B54 in die Stadt.

TOP TIPP **Info:** Die westfälische Hauptstadt wartet mit studentischer Ungezwungenheit und vielen Highlights auf: Im Dom kann eine astronomische Uhr bestaunt werden, an der Lamberti-Kirche hängen noch die Käfige, in denen man die Wiedertäufer zu Reformationszeiten elendig verdursten ließ, im Rathaus wurde 1648 der Westfälische Friede besiegelt, der dem Dreißigjährigen Krieg ein Ende setzte.
Tourist-Information Münster, Tel. 02 51/492 27 10, www.muenster.de

Hotel-Tipp: Das Jugendgästehaus Aasee liegt sehr schön zentral in Münster – hier kann man zweckmäßig und preiswert übernachten.
Jugendgästehaus Aasee, Bismarckallee 31, 48151 Münster, Tel. 02 51/53 02 80, www.lvb.westfalen.jugendherberge.de/muenster €

Ab in die Baumberge.

Als krönender Abschluss der Tour wartet Münster. Blickfang und Wahrzeichen der Stadt ist der frühgotische Dom St.-Paulus.

Hoch am Niederrhein

Von Dinslaken nach Geldern

3

ROUTE 3

 Ausgangsort
Dinslaken (56535)

Zielort
Geldern (47608)

 118 km   ★★★   ★★

Straßentypen (in Prozent der Streckenlänge)

20	80

■ Landstraße/asphaltierte Nebenstraße
■ Bundesstraße/Schnellstraße

Diese Tour können Sie mit Route 1 und 2 kombinieren.

i **Niederrhein Tourismus**
Willy-Brandt-Ring 13
D-41747 Viersen
Tel. 021 62/81 79 03
info@niederrhein-tourismus.de
www.niederrhein-tourismus.de

(➔ *weitere Adressen siehe Seite 187*)

Eine ideale Tour für Anfänger und Wiedereinsteiger – vor allem aber für Genießer. Besonders reizvoll sind die Nebenstrecken entlang der Altrheinarme. Am Niederrhein ist es keineswegs nur platt. Auf kurvenreichen Landstraßen schwingen wir abseits des Stroms durch grüne Mischwälder und über sanfte Hügel, entdecken romantische Schlösser und Burgen und stoßen schließlich sogar auf einen richtigen Wallfahrtsort.

Tour-Stationen auf einen Blick
Tourlänge: 118 km

Nr.	Ort	PLZ	GPS-Koordinaten
Ⓐ	Dinslaken	D-46535	N 51 33.747 E 06 43.490
2	Voerde	D-46562	N 51 36.032 E 06 42.378
3	Wesel	D-46483	N 51 38.973 E 06 36.909
4	Birten	D-46509	N 51 37.516 E 06 29.575
5	Xanten	D-46509	N 51 39.596 E 06 27.711
6	Niedermörmter	D-47546	N 51 44.824 E 06 22.607
7	Rees	D-46459	N 51 46.115 E 06 23.413
8	Emmerich	D-46446	N 51 50.185 E 06 13.600
9	Kleve-Kellen	D-47533	N 51 47.676 E 06 08.989
10	Kalkar	D-47546	N 51 44.221 E 06 17.226

Nr.	Ort	PLZ	GPS-Koordinaten
11	Goch	D-47574	N 51 40.768 E 06 10.222
12	Kevelaer	D-47623	N 51 34.733 E 06 15.532
Ⓔ	Geldern	D-47608	N 51 31.128 E 06 19.599

Die Übersicht ist fortlaufend nummeriert und enthält neben den Etappenpunkten zur Orientierung ggf. weitere Orte entlang der Route; Referenzsystem der GPS-Koordinaten: WGS84

1

13 km

B8

 Vom Ausgangspunkt Dinslaken geradeaus auf die B8 und 13 km über Voerde nach Wesel.

Strecke: Viel befahrene Bundesstraße.

Hotel-Tipp: Biker finden im Hotel zum Grunewald in Dinslaken, was sie brauchen: Unterstellplätze, ein Trockenraum und Werkzeug sind vorhanden. Der Betreiber ist selbst aktiver Biker und gibt gerne Tipps.
Hotel zum Grunewald, Bergerstraße 152, 46539 Dinslaken, Tel. 020 64/495 40, www.hotel-dinslaken.de €

2

9,5 km

B58

L460

Am Ortseingang Wesel gleich links auf die Schill-straße (B58) und über den Rhein, nach 2 km rechts auf die L460 und 7,5 km bis Birten.

Info: Nördlich von Birten liegt die Bislicher Insel, eine der wenigen erhaltenen Auenlandschaften am Rhein. Erkunden lässt sich das Naturschutzgebiet zu Fuß von Birten aus. Infos zu Flora und Fauna erhält man im NaturForum Bislicher Insel in Xanten.
NaturForum Bislicher Insel, Bislicher Insel 11, 46509 Xanten, Tel. 028 01/98 82 30, www.naturforum-bislicher-insel.de

Hochwasser an der Bislicher Insel.

3

5,5 km

B57

In Birten rechts auf die B57 und der Bundesstraße 5,5 km bis Xanten folgen.

Strecke: Auf der Bundesstraße vorbei an alten Auenlandschaften.

Info: Xanten blickt auf eine über 2 000-jährige Geschichte zurück. Die Soldaten des Kaisers Augustus errichteten im Jahre 15 v. Chr. ein Lager nahe dem heutigen Birten. Im 4. Jahrhundert wurde die römische Provinzstadt wieder aufgegeben. Der überaus sehenswerte Archäologische Park umfasst einen Teil der historischen Römerstadt zu Xanten mit Amphitheater, Hafentempel und Stadtmauer.
Archäologischer Park Xanten, Wardter Straße, 46509 Xanten, Tel. 028 01/29 99, www.apx.de, tgl. 9–18 Uhr (März–Okt.), 9–17 Uhr (Nov.), 10–16 Uhr (Dez.–Feb.).

Nicht ganz so alt, aber nicht minder eindrucksvoll: der zweitürmige Dom St. Viktor, der über dem Grab des Märtyrers Viktor errichtet wurde. Die gotische Pfeilerbasilika mit romanischem Kern wurde von 1190–1530 erbaut und besitzt trotz Kriegsschäden noch eine kostbare, sehenswerte Ausstattung.

Restaurant-Tipp: In der römischen Taverne des Archäologischen Parks kann man römische Gerichte nach Originalrezepten probieren.
Römische Herberge, Archäologischer Park 2, 46509 Xanten, Tel. 028 01/34 15, www.roemische-herberge.de, tgl. 9.30–18 Uhr (März–Okt.), 10–16 Uhr (Winter).

Südländisches Flair am Marktplatz des Städtchens Xanten.

4

13,5 km

K32

L8

Auf Höhe des Xantener Südsees rechts abbiegen und 13,5 km auf der K32 und L8 bis zur B67.

Strecke: Entspanntes Cruisen auf kleinen Straßen.

Hotel-Tipp: Zwischen der alten Römerstadt Xanten und dem mittelalterlichen Kalkar liegt das Landhaus Beckmann mit großem Parkplatz und abschließbaren Garagen für Zweiräder.

Landhaus Beckmann, Römerstraße 1, 47546 Kalkar-Kehrum, Tel. 028 24/20 86, www.landhaus-beckmann.de €

5

3 km

B67

In Niedermörmter über die Auffahrt rechts auf die B67, den Rhein überqueren und 3 km bis Rees.

6

12 km

B8

Bei Rees links und 12 km auf der B8 nach Emmerich.

Strecke: Abwechslung zur B8 bringt ein Abstecher zu den Altrheinarmen bei Grietherort und Dornick.

Camping-Tipp: Campingfreunde finden in Grietherort zwischen Rees und Emmerich einen sehr reizvoll in Flussnähe gelegenen Zeltplatz.

Grietherort 7, 46459 Rees, Tel. 028 51/69 60, www.campingplatz-grietherort.de

Abendstimmung am Strom.

ROUTE 3

7
15 km
B220

┌┘ └┐ 3 km durch die Stadt, links auf der roten Brücke über
└┐ ┌┘ den Rhein und 12 km auf der B220 Richtung Kleve.

Info: Das Rheinmuseum in Emmerich zeigt über 130 Schiffsmodelle aus
zwei Jahrtausenden und Interessantes zur Geschichte der Region.
Rheinmuseum, Martinikirchgang 2, 46446 Emmerich, Tel. 028 22/754 00,
www.emmerich.de, 10–12.30 Uhr, Do auch 14–18 Uhr, Sa geschlossen.

8
2 km
B9

┌┘ └┐ Vor Kleve im Stadtteil Kellen links auf die B9 wech-
└┐ ┌┘ seln und 2 km bis zur Kreuzung mit der B57 fahren.

9
11 km
B57

┌┘ └┐ Jetzt links auf die B57 und 11 km bis Kalkar.
└┐ ┌┘

Info: Der Bau des »Schnellen Brüters« und die damit verbundenen,
heftigen Proteste machten die Kleinstadt Kalkar in den 1970er-Jahren
unfreiwillig deutschlandweit bekannt. Heute dient der nie in Betrieb
gegangene Atommeiler als bunter Vergnügungspark. Doch Kalkar hat
viel mehr zu bieten: die spätgotische St. Nikolaikirche mit ihren kost-
baren Schnitzaltären etwa oder das Kalkarer Rathaus sowie das vor
Kalkar gelegene Schloss Moyland mit dem Joseph-Beuys-Archiv.
Museum Schloss Moyland, Am Schloss 4, 47551 Bedburg-Hau, Tel. 028 24/95 10 68,
automatische Ansage Tel. 028 24/95 10 66, www.moyland.de

10

10,5 km

B67

In Kalkar im Kreisverkehr die 1. Ausfahrt nehmen und 10,5 km auf der B67 geradeaus bis nach Goch.

Strecke: Auf kurvenreichen Landstraßen abseits des Stroms schwingt man durch grüne Mischwälder und über sanfte Hügel.

Info: Eine Kanufahrt auf der Niers – ein malerischer Fluss, der sich durchs Städtchen Goch schlängelt – ist im Sommer ein Erlebnis. Nach kurzer Einweisung können auch Ungeübte problemlos paddeln. Die Tour von Goch nach Kessel dauert circa zwei Stunden. Kanustationen gibt es z. B. im Gocher Stadtpark. Wer länger unterwegs sein möchte, kann auch in Geldern ins Wasser gleiten. Es gibt zahlreiche Anbieter mit unterschiedlichen Serviceleistungen (www.goch.de).

11

12 km

B67

B9

In Goch links der B67 folgen, geradeaus über die A57 hinweg und 12 km auf der B9 bis Kevelaer.

Info: Neben der als Wallfahrtsziel bekannten Gnadenkapelle wartet Kevelaer mit über 200 unter Denkmalschutz stehenden Gebäuden auf. Sehenswert ist auch das Volkskundemuseum.

Niederrheinisches Museum, Hauptstraße 18, 47623 Kevelaer, Tel. 028 32/954 10, www.niederrheinisches-museum-kevelaer.de

Alleen prägen die Landschaft am Niederrhein.

12

11 km

B9

In Kevelaer geradeaus weiter auf der B9, 11 km sind es bis zum Abschluss der Tour in Geldern.

Info: Zwei Helden, die ein feuerspeiendes Ungetüm besiegten, so erzählt es die Sage, verdankt die Stadt Geldern ihren Namen. Um 878 sahen die Herren Wichard und Lupolt von Pont unter einem Mispelbaum einen Drachen – und nahmen beherzt den Kampf auf. Den Speer im Leib und den Tod vor Augen, röchelte das Monster »Gelre! Gelre!«

Damit die Heldentat nie in Vergessenheit gerät, gaben die Stadtgründer ihrer Siedlung später den Namen »Geldern«. Noch heute sind in und um die Stadt zahlreiche Andenken an die Drachensage – etwa der Drachentöter-Brunnen – zu finden.

Event-Tipp: Buntes Pflaster in Geldern: Am letzten Wochenende der nordrhein-westfälischen Schulsommerferien veranstaltet die Stadt ihren internationalen Straßenmaler-Wettbewerb, der Künstler aus Deutschland und der ganzen Welt anlockt (www.geldern.de).

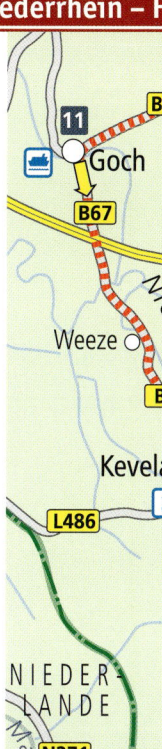

Grüne Freuden

Lennestadt, Schmallenberg, Brilon, Winterberg

Sauerland

ROUTE 4

(A) **Ausgangsort**
Lennestadt (57368)

(E) **Zielort**
Lennestadt (57368)

 175 km    ★★★★   ★★★★

Straßentypen (in Prozent der Streckenlänge)

50	50

■ Landstraße/asphaltierte Nebenstraße
■ Bundesstraße/Schnellstraße

Diese Tour können Sie mit Route 5 kombinieren.

Sauerland-Tourismus e.V.
Johannes-Hummel-Weg 1
D-57392 Schmallenberg
Tel. 029 74/969 80
info@sauerland.com
www.sauerland.com

(➔ *weitere Adressen siehe Seite 187*)

Ein abgelegenes Waldgebirge, von dem im Wetterbericht nur grausige Dinge zu hören sind, hat sich zu einem beliebten Naherholungsgebiet entwickelt. Vor allem Motorradfahrer aus den beengenden Industriestädten an Rhein und Ruhr zieht es ins weitherzige Sauerland. Denn eine Sauerlandtour befriedigt auch anspruchsvolle Piloten. Ihnen steht ein wahrer Kurvenrausch bevor. Und so schlimm ist das Wetter gar nicht.

ROUTE 4

Tour-Stationen auf einen Blick

Tourlänge: 175 km

Nr.	Ort	PLZ	GPS-Koordinaten
(A)	Lennestadt (Zentrum)	D-57368	N 51 06.389 E 08 04.420
2	Schmallenberg	D-57392	N 51 09.162 E 08 17.038
3	Oberkirchen	D-57392	N 51 09.581 E 08 22.540
4	Altastenberg	D-59955	N 51 11.249 E 08 28.149
5	Siedlinghausen	D-59955	N 51 15.153 E 08 28.374
6	Altenfeld	D-59955	N 51 15.070 E 08 26.513
7	Gevelinghausen	D-59939	N 51 21.050 E 08 26.466
8	Olsberg	D-59939	N 51 21.214 E 08 29.371
9	Brilon	D-59929	N 51 23.686 E 08 33.849
10	Brilon-Wald	D-59929	N 51 20.056 E 08 34.902

Nr.	Ort	PLZ	GPS-Koordinaten
11	Assinghausen	D-59939	N 51 18.427 E 08 30.114
12	Winterberg	D-59955	N 51 11.879 E 08 31.807
13	Bad Berleburg	D-57319	N 51 02.544 E 08 23.239
14	Kirchhundem	D-57399	N 51 05.391 E 08 04.785
(E)	Lennestadt (Zentrum)	D-57368	N 51 06.389 E 08 04.420

Die Übersicht ist fortlaufend nummeriert und enthält neben den Etappenpunkten zur Orientierung ggf. weitere Orte entlang der Route; Referenzsystem der GPS-Koordinaten: WGS84

1

18 km

B236

Fachwerkidylle in Oberkirchen.

Vom Zentrum Lennestadt (Altenhundem) der B236 18 km immer geradeaus bis Schmallenberg folgen.

Strecke: Bundesstraße durch den Naturpark Rothaargebirge.

Info: Das Rothaargebirge ist der größte und höchste Gebirgszug zwischen Rhein und Weser. Sein Name leitet sich vom mittelhochdeutschen »hart« (bewaldetes, wirtschaftlich genutzes Bergland) ab. Der Zusatz »Rot« verweist vermutlich auf die Rotbuchenwälder, die hier vor rund 1 000 Jahren wuchsen (www.naturpark-rothaargebirge.de).

2

8 km

B236

In Schmallenberg auf der B236 bleiben, durch den Ort, 8 km geradeaus bis zum Ortsteil Oberkirchen.

Restaurant- und Hotel-Tipps: Seit 1774 lockt das Landgasthaus Schütte zu Oberbergen Reisende mit seiner herausragenden Küche. Kostenfreien Garagenplatz und viele Tourentipps bietet das Ringhotel Störmann, das zentral in der Schmallenberger Altstadt liegt.

Landgasthaus Schütte, Eggeweg 2, 57392 Schmallenberg–Oberkirchen, Tel. 029 75/820, www.gasthof-schuette.de €€

Ringhotel Störmann, Weststraße 58, 57392 Schmallenberg, Tel. 029 72/99 91 23, www.hotel-stoermann.de €€

Herrliches Motorradwandern auf einsamen Straßen.

3

12,5 km

L640
K18

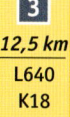

In der Ortsmitte von Oberkirchen links auf die L640 und 11,5 km bis zum Kahlen Asten. Dort links und 1 km auf der K18 nach Altastenberg fahren.

TOP TIPP *Strecke:* Die windungsreiche Straße führt zum Kahlen Asten und er-öffnet die schönsten Panoramen – genial zum Kurvenräubern!

Info: Er ist der ungekrönte König des Sauerlandes: Der Kahle Asten ist mit einer Höhe von 841 Metern die höchste Erhebung Nordrhein-Westfalens. Von der 23 Meter hohen Plattform des Astenturmes auf seinem Gipfel bieten sich fantastische Fernblicke über das Sauerland. Im Turm befindet sich neben einem Restaurant auch das Informationszentrum des Naturparks Rothaargebirge.

Hotel-Tipp: Spezielle Angebote für Biker sowie Garagen, Tourentipps und ein Hallenbad hält das Sporthotel Kirchmeier bereit.
Sporthotel Kirchmeier, Renauweg 54, 59955 Winterberg/Altastenberg, Tel. 02981/805712, www.ambiente-privathotels.de €€

4

11,5 km

K75
L742

In Altastenberg rechts auf die K75, nach 3 km wieder rechts auf die L742, 8,5 km bis Siedlinghausen.

Strecke: Wunderbare Motorradstrecke durch ursprüngliches Waldgebiet.

Siedlinghausen ist typisch für das Sauerland.

5
4 km
L740

6
16 km
K16
K15
L743

Im Ort Siedlinghausen links, dann gleich wieder links auf die L740 und 4 km Richtung Bödefeld.

In Altenfeld rechts, 16 km auf der K16, K15 und L743 – über Elpe und Gevelinghausen – bis Olsberg.

Strecke: Landschaftlich schöne Fahrt auf leicht gewundener Straße entlang der Elpe.

Info: In Elpe lohnt sich ein Linksschwenk nach Ramsbeck. Das dortige Besucherbergwerk informiert über die Geschichte des Erzbergbaus in der Region. Spannend: Mit der Grubenbahn geht es 300 Meter hinab in den Berg, wo einst Blei und Zink abgebaut wurden.
Besucherbergwerk Ramsbeck, Glück-Auf-Straße 3, 59909 Ramsbeck, Tel. 029 05/250, www.besucherbergwerk-ramsbeck.de, Di–So 9–17 Uhr (März–Nov.).

Restaurant- und Hotel-Tipp: Die Dorfschänke-Pension Winter ist ein rustikal-gemütliches Haus, das speziell auf Biker eingestellt ist. Die Zimmer bieten ausreichend Platz für Gepäck, die Motorräder können sicher im Carport abgestellt werden. Zudem gibt es einen Trockenraum und Leihwerkzeug. Nördlich von Olsberg in Antfeld gelegen.
Dorfschänke-Pension Winter, Langenbergstraße 2, 59939 Olsberg-Antfeld, Tel. 029 62/22 51, www.dorfschaenke-online.de €

ROUTE 4

7

10 km

B480

B7

 In Olsberg die Ruhr überqueren, dann gleich links auf die B480 (später B7) und 10 km nach Brilon.

Event-Tipp: Auf dem Rathausplatz des nordsauerländischen Städtchens Brilon wird jeden Samstag ein beschaulicher Wochenmarkt abgehalten: entspannte Atmosphäre zwischen grauen Schieferwänden.

8

3 km

–

 Im Kreisel in Brilon auf die Derkere Mauer (1. Ausfahrt), 3 km Richtung Willingen bis zur B251.

9

6 km

B251

 Bei Gudenhagen rechts auf die B251, der Straße 6 km Richtung Willingen folgen.

10

9 km

L743

K47

 Hinter Brilon-Wald rechts, dann 9 km auf der L743 und der K47 über Bruchhausen nach Assinghausen.

Info: In Bruchhausen ragen markante Porphyrfelsen aus dem Wald hervor. Zu Füßen der Bruchhauser Steine befindet sich der Ringwall einer vorgeschichtlichen Fluchtburg. Der Zutritt ist kostenpflichtig. Stiftung Bruchhauser Steine, Tel. 029 62/976 70, www.stiftung-bruchhauser-steine.de

Die Bruchhauser Steine
bei Assinghausen.

11

14 km

B480

In Assinghausen links auf die B480, dann über Niedersfeld 14 km bis nach Winterberg.

Strecke: Traumstrecke durch das Gebiet um den Kahlen Asten.

Restaurant-Tipp: Uriges Ambiente und leckeres amerikanisches Essen gibt es im »Big Mountain American Roadhouse Bar & Grill« – genau das Richtige nach einem langen Tag im Sattel. Bei schönem Wetter kann man auch auf der Terrasse sitzen.

Big Mountain, Schneilstraße 2 (direkt an der B236), 59955 Winterberg, Tel. 029 81/80 29 18, www.big-mountain-winterberg.de

Event-Tipp: Für Winterfahrer lohnt sich im Februar ein Besuch des professionellen Schlittenhunderennens in Winterberg.

Tourist-Information Winterberg, Tel. 029 81/925 00, www.winterberg.de

12

25 km

B480

In Winterberg rechts und 25 km dem Verlauf der B480 bis in den Ort Bad Berleburg folgen.

Info: Schloss Berleburg im Herzen der historischen Altstadt wurde im 16. Jahrhundert von den Fürsten zu Sayn-Wittgenstein-Berleburg errichtet, später erweitert und mit barocker Pracht ausgestattet. Das Schlossmuseum zeigt Exponate zur Geschichte des Fürstenhauses.

ROUTE 4

13

35,5 km

L553

Zapfenstreich des örtlichen Schützenvereins vor Schloss Berleburg.

Jetzt halbrechts über den Stöppelsweg auf die L553 und der Straße 35,5 km bis zur Einmündung in die B517 hinter Kirchhundem folgen.

Strecke: Ungebremstes Motorradvergnügen, viele Kurven, wenige Orte, Berge und jede Menge schöne Landschaft.

Restaurant- und Hotel-Tipp: Nicht zuletzt wegen der kurvenreichen Anfahrt hat sich der Rhein-Weser-Turm auf dem Westerberg im Rothaargebirge zu einem beliebten Motorradtreffpunkt entwickelt. Im Nebengebäude des Rhein-Weser-Turms lässt es sich in sechs modernen und gemütlichen Gästezimmern gut und preiswert übernachten.
Rhein-Weser-Turm, Talstraße 60, 57399 Kirchhundem-Heinsberg, Tel. 027 23/722 42, www.rhein-weser-turm.de €

14

2,5 km

B517

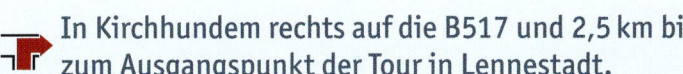

Motorradtreff am Rhein-Weser-Turm.

In Kirchhundem rechts auf die B517 und 2,5 km bis zum Ausgangspunkt der Tour in Lennestadt.

Event-Tipp: In Lennestadt–Elspe finden von Juni bis September die Karl-May-Festspiele statt.
Freilichtbühnen Elspe-Festival, Tel. 027 21/944 40, www.elspe.de

Sauerland

Bigge, Biker,
Hohe Bracht

Naturpark Ebbegebirge

ROUTE 5 — Sauerland – Bigge, Biker, Hohe Bracht

(A) **Ausgangsort**
Attendorn (57439)

(E) **Zielort**
Attendorn (57439)

 122 km ★★★★  ★★★★

Straßentypen (in Prozent der Streckenlänge)

65	35

■ Landstraße/asphaltierte Nebenstraße
■ Bundesstraße/Schnellstraße

Diese Tour können Sie mit Route 9 kombinieren.

ℹ **Naturpark Ebbegebirge**
Westfälische Straße 75
D-57462 Olpe
Tel. 027 61/812 80
s_struck@kreis-olpe.de
www.naturpark-ebbegebirge.de

(➜ *weitere Adressen siehe Seite 187*)

Ein abwechslungsreicher Mix aus kleinen Nebenstrecken und schnellen Landstraßen. Und nicht zuletzt geht es hoch hinaus! Zwischen der Oestertalsperre und der Hohen Bracht hält der Naturpark Ebbegebirge spannende, kurvenreiche Nebenstrecken für jeden Biker bereit. Glitzernde Seen, beliebte und belebte Motorradtreffs sowie fantastische Panoramen sorgen für jede Menge Kurzweil bei der Rast.

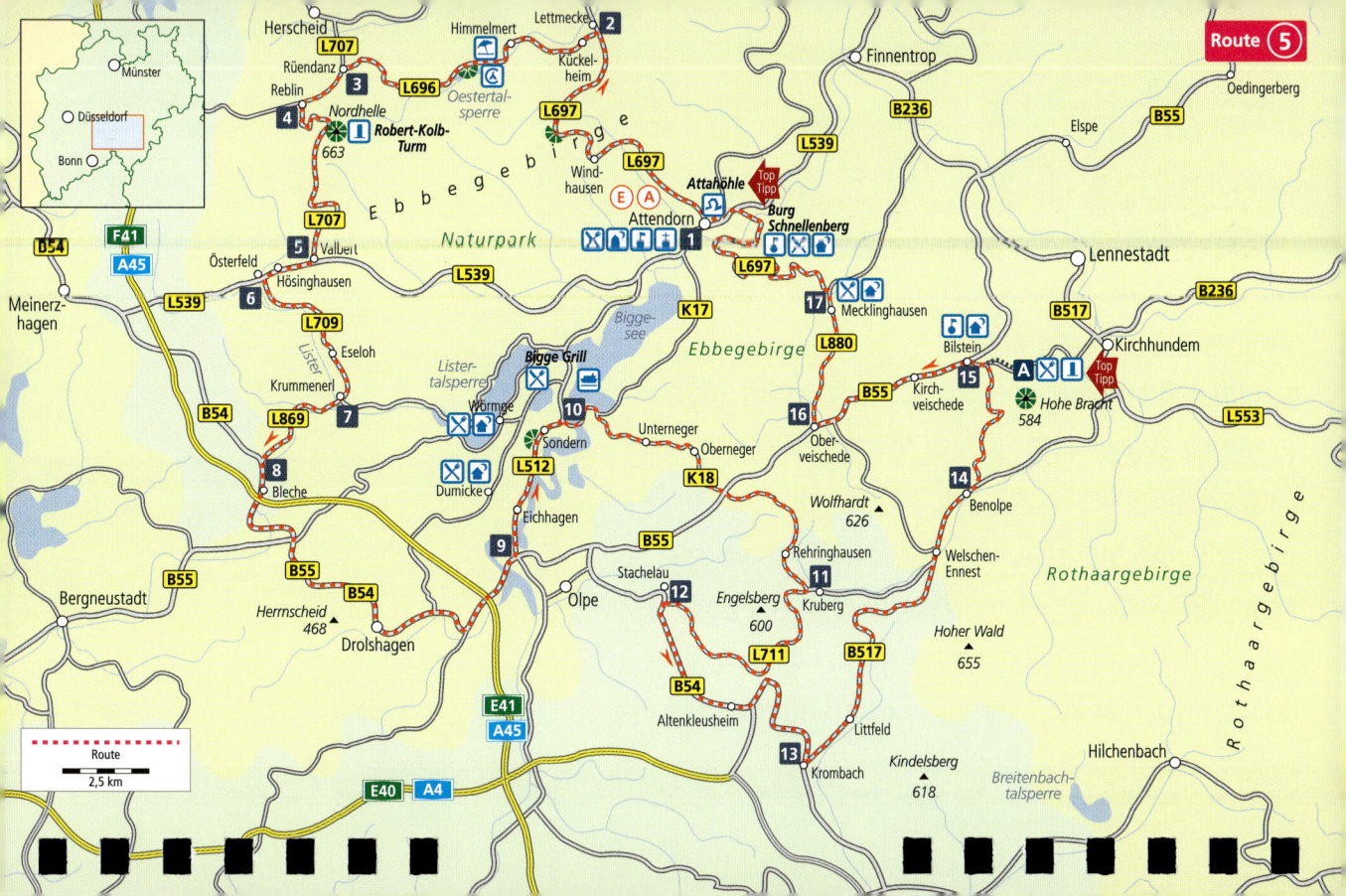

ROUTE 5 — Sauerland – Bigge, Biker, Hohe Bracht

Tour-Stationen auf einen Blick

Tourlänge: 122 km

Nr.	Ort	PLZ	GPS-Koordinaten
Ⓐ	Attendorn	D-57439	N 51 07.629 E 07 54.209
2	Lettmecke	D-58840	N 51 10.519 E 07 51.587
3	Rüendanz	D-58849	N 51 09.836 E 07 45.270
4	Lütgenbruch	D-58849	N 51 09.498 E 07 44.565
5	Valbert	D-58540	N 51 06.984 E 07 44.692
6	Österfeld	D-58540	N 51 06.497 E 07 43.548
7	Krummenerl	D-58540	N 51 04.788 E 07 45.497
8	Bleche	D-57489	N 51 03.497 E 07 43.620
9	Drolshagen	D-57489	N 51 01.241 E 07 46.662
10	Sondern	D-57462	N 51 04.643 E 07 51.041

Nr.	Ort	PLZ	GPS-Koordinaten
11	Kruberg	D-57399	N 51 02.245 E 07 57.199
12	Stachelau	D-57462	N 51 02.002 E 07 53.710
13	Krombach	D-57223	N 50 59.672 E 07 57.452
14	Benolpe	D-57399	N 51 03.715 E 08 01.381
15	Bilstein	D-57368	N 51 05.707 E 08 01.280
16	Oberveischede	D-57642	N 51 04.656 E 07 57.251
17	Mecklinghausen	D-57439	N 51 06.334 E 07 57.441
Ⓔ	Attendorn	D-57439	N 51 07.629 E 07 54.209

Die Übersicht ist fortlaufend nummeriert und enthält neben den Etappenpunkten zur Orientierung ggf. weitere Orte entlang der Route; Referenzsystem der GPS-Koordinaten: WGS84

1

9 km

L697

Ⓐ ⊠ ⊡ ⊹ ⊡

Von Attendorn auf die L697 in Richtung Plettenberg und der Beschilderung 9 km bis Lettmecke folgen.

Strecke: Ab Windhausen schwung- und aussichtsreicher Abschnitt.

Info: Die Pfarrkirche St. Johannes Baptist – auch Sauerländer Dom genannt – ist das Wahrzeichen Attendorns. Auffallend ist vor allem die 1634 auf den romanischen Turm aufgesetzte, barocke Haube. Das gotische Langhaus birgt in seinem Innern zahlreiche Kunstschätze – darunter auch eine überlebensgroße Christophorus-Figur.

Hotel-Tipps: Im Attendorner Ortsteil Mecklinghausen empfiehlt sich das Hotel Haus Schnepper. Motorräder können sicher abgestellt werden. Etwas altmodisch, aber gemütlich gibt sich das Hotel-Restaurant Landhaus Wörmge, direkt am Listerstausee gelegen. Frühstücken kann man an warmen Tagen auf der schönen Terrasse.

Haus Schnepper, Talstraße 19, 57439 Attendorn-Mecklinghausen, Tel. 027 22/98 44 00, www.hotel-schnepper.de €€

Hotel-Café-Restaurant Landhaus Wörmge, Wörmge 4, 57439 Attendorn-Wörmge, Tel. 027 61/622 04, www.woermge.de €€

Event-Tipp: Kleinkunstdarbietungen, Straßenfestatmosphäre, viel Musik und jede Menge gute Laune bietet im Juni/Juli das Gauklerfestival in der Attendorner Innenstadt (www.gauklerfestival.de).

ROUTE 5 — Sauerland – Bigge, Biker, Hohe Bracht

2
9 km
L696

 In Lettmecke links abbiegen, 9 km auf der L696 in Richtung Meinerzhagen bis Rüendanz.

Strecke: Fahrt entlang der Oestertalsperre.

Info: Die versteckte, von kleinen Flüssen und Bächen gespeiste Oestertalsperre wird auch als Freizeitsee genutzt. Baden ist erlaubt. Direkt am See liegt ein Campingplatz.

3
2 km
L696

 In Rüendanz links und, weiterhin auf der L696, 2 km in Richtung Meinerzhagen bis Reblin.

Strecke: An Weilern und kleinen Dörfern vorbei.

4
7 km
L707

Kurz nach Reblin links, dann 7 km auf der L707 bis nach Valbert. Durch den Ort fahren.

Strecke: Genuss pur: tolle Kehren unterhalb der Nordhelle!

Info: Einen herrlichen Panoramablick hat man vom Robert-Kolb-Turm. Er steht auf der Nordhelle (663 m), der höchsten Bergkuppe des Ebbegebirges. Der erste, steinerne Vorgänger des Turms wurde vor rund 200 Jahren von Napoleon I. zur Nachrichtenübermittlung errichtet.

Kurven satt im Sauerland – hier bei Reblin.

5

2 km

L539

6

5 km

L709

7

3,5 km

L869

8

14 km

B54

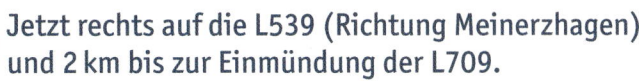

Jetzt rechts auf die L539 (Richtung Meinerzhagen) und 2 km bis zur Einmündung der L709.

Strecke: An Wald und offenen Feldern vorbei.

Bei Österfeld links auf die L709, dann 5 km in Richtung Bergneustadt bis Krummenerl.

Strecke: Ruhige Fahrt entlang des Flüsschens Lister.

In Krummenerl rechts auf die L869 und der Straße 3,5 km bis zur Einmündung in die B54 folgen.

Info: Rund um Krummenerl findet man mehrere Steinbrüche. Aus den im Tagebau gewonnenen Steinen wird u. a. Schotter hergestellt, der als Unterbau für Bahngleise verwendet wird.

Links auf die B54 und der Bundesstraße über Drolshagen 14 km in Richtung Olpe und Biggesee folgen.

Strecke: Schnelle, sportliche Kurven.

Ländliche Idylle bei Drolshagen.

9
5 km
L 512

 Über die Biggeseebrücke, dann links auf die L512 und 5 km bis Sondern fahren.

Strecke: *Am Westufer des Biggesees entlang mit schönem Blick.*

Info: Ab Sondern legen die MS Bigge und die MS Westfalen der Weißen Flotte ab. Die zweistündige Rundfahrt über den Biggesee eröffnet völlig neue Perspektiven auf die Talsperre. Kaffee und Kuchen an Bord versüßen den Ausblick.

Personenschifffahrt Biggesee, Tel. 027 61/965 90, info@biggesee.de, www.biggesee.de, Mitte Apr.–Ende Okt.

Hotel-Tipp: Gemütliches, speziell auf Biker eingestelltes Hotel-Restaurant in Dumicke bei Drolshagen. Gäste werden mit hausgemachter Marmelade, Wurstwaren und deftigen Eintöpfen verwöhnt.

Landgasthof Haus Dumicketal, Dumicker Straße 11, 57489 Drolshagen-Dumicke, Tel. 027 61/624 24, www.hausdumicketal.de

Restaurant-Tipp: Der Motorradtreff Bigge Grill am Westufer des Biggesees (von Sondern weiter auf der L512) ist ein sehr gut besuchter Anlaufpunkt für Biker.

Motorradtreff Bigge Grill, Hohen Hagen, 57439 Attendorn, Tel. 027 22/71 80, tgl. Feb.–Nov.

Abwechslungsreiche Nebenstrecken rund um den Olper Ortsteil Neger westlich des Biggesees.

10

12,5 km

K18

Hinter Sondern rechts und über die Talbrücke auf die andere Seite des Sees. Dann links und gleich wieder rechts auf die K18. Jetzt der Straße 11 km über Oberneger bis Kruberg folgen.

Strecke: Fantastischer Zickzack-Kurs am 600 Meter hohen Engelsberg.

11

8 km

L711

Vor Kruberg rechts auf die L711 Richtung Olpe und 8 km bis zur B54.

Strecke: Klasse kurvige Strecke durch die Wälder des Naturparks.

12

9 km

B54

Vor Stachelau links auf die B54 abbiegen und auf der Bundesstraße 9 km bis nach Krombach fahren.

Info: Ein kleiner Ort in aller Munde: In Krombach wird das bekannte Krombacher Bier gebraut. Die 1803 gegründete Krombacher Brauerei zählt zu den größten Privatbrauereien in Deutschland und kann in einer rund dreistündigen Führung besichtigt werden.
Anmeldung: Tel. 027 32/88 03 80, Termine jeweils 11 und 16 Uhr.

Von der Sudpfanne bis zur Abfüllung:
Die Krombacher Brauerei kann besichtigt werden.

ROUTE 5

13
11,5 km
B517

 In Krombach links auf die B517 und 11,5 km in Richtung Kirchhundem bis Benolpe.

Strecke: Spannende Kehren.

14
6 km
–

In Benolpe links und auf kleiner Straße 6 km nach Bilstein.

Strecke: Asphaltierte, aber sehr schmale Fahrbahn durch den Wald.

Hotel-Tipp: Im prächtigen Gemäuer der knapp 800 Jahre alten Festung Burg Bilstein unterhalb der Hohen Bracht befindet sich heute eine moderne, freundliche Jugendherberge, in der auch große Gruppen angenehm übernachten können.

Jugendherberge Burg Bilstein, Von-Gevore-Weg 10, 57368 Lennestadt-Bilstein, Tel. 027 21/812 17 www.burg-bilstein.de €

15
6 km
B55

 In Bilstein links auf die B55 Richtung Olpe und der Straße 6 km bis Oberveischede folgen.

A Hohe Bracht

TOP TIPP ℹ ❃ **Info:** Die Hohe Bracht (584 m) wird nochmals von einem 36 Meter hohen, schieferverkleideten Aussichtsturm gekrönt. Bei gutem Wetter hat man einen fantastischen Blick über Teile des südlichen Sauerlands, hinüber zum Ebbegebirge, Rothaargebirge und Bergischen Land sowie zu den Saalhauser Bergen. Anfahrt: Von Bilstein der Hohe-Bracht-Straße (L715) 6 km folgen.

☒ **Restaurant-Tipp:** Deftiges, leckere Kuchen und herzhafte Pfannkuchen serviert das Restaurant-Café Aussichtsturm Hohe Bracht.

Restaurant-Café Aussichtsturm Hohe Bracht, 57368 Lennestadt, Tel. 027 23/23 95, www.hohebracht.de, Mo und Di Ruhetag.

16
4 km
L880

17
8 km
L697

Jetzt rechts abbiegen und 4 km auf der L880 über Mecklinghausen Richtung Helden.

Hinter Mecklinghausen links auf die L697, zurück bis zum Ausgangspunkt Attendorn sind es 8 km.

Info: Unbedingt empfehlenswert ist ein Besuch der Attahöhle. Sie gilt als eine der schönsten und größten Tropfsteinhöhlen Deutschlands. Das Labyrinth, das unterirdische Seen, Grotten und natürlich prächtige Stalaktiten und Stalagmiten bietet, ist über sechs Kilometer lang. Die Führung durch den begehbaren, rund zwei Kilometer langen Teil der Höhle dauert circa 40 Minuten.

Atta-Höhle Attendorn, Finnentroper Straße 39, 57439 Attendorn, Tel. 027 22/937 50, www.attahoehle.de, Öffnungszeiten variieren je nach Jahreszeit.

Restaurant- und Hotel-Tipp: Mit ihren gewaltigen Mauern und Türmen thront Burg Schnellenberg (1222) hoch auf dem Bergrücken über Attendorn. Im Fest- oder im Rittersaal lässt es sich vortrefflich speisen. Vornehmste Nachtruhe garantieren die Zimmer des Burghotels.

Burg Schnellenberg, Schnellenberg 1, 57439 Attendorn, Tel. 027 22/69 40, www.burg-schnellenberg.de €€€

Eine Seefahrt, die ist lustig – und eröffnet neue Perspektiven auf die wunderbare Landschaft: Rundfahrt auf dem Biggesee.

Glückliche Kühe in Faulebutter

Naturpark Homert

ROUTE 6

Sauerland – Glückliche Kühe in Faulebutter

(A) Ausgangsort
Werdohl (58791)

(E) Zielort
Werdohl (58791)

 195 km    ★★★   ★★★

Straßentypen (in Prozent der Streckenlänge)

90	10

■ Landstraße/asphaltierte Nebenstraße
■ Bundesstraße/Schnellstraße

Diese Tour können Sie mit Route 4 kombinieren.

ℹ Naturpark Homert
Am Rothaarsteig 1
D–59929 Brilon
Tel. 029 61/94 32 23
naturparke@hochsauerlandkreis.de
www.naturpark-homert.de

(→ *weitere Adressen siehe Seite 187*)

Mit ländlicher Idylle lockt das Lennebergland ins Land der glücklichen Kühe. Zwischen dunkelgrünen Weiden, einsamen Weilern und plätschernden Bächen lässt es sich herrlich entspannt cruisen. Spaß bringen die Stauseen und kurvenreiche, kernige Bergpassagen, die hier auch immer wieder auf uns warten. Für kulturelle Kontraste sorgt Arnsberg – in seiner historischen Altstadt fühlt man sich wie im Mittelalter.

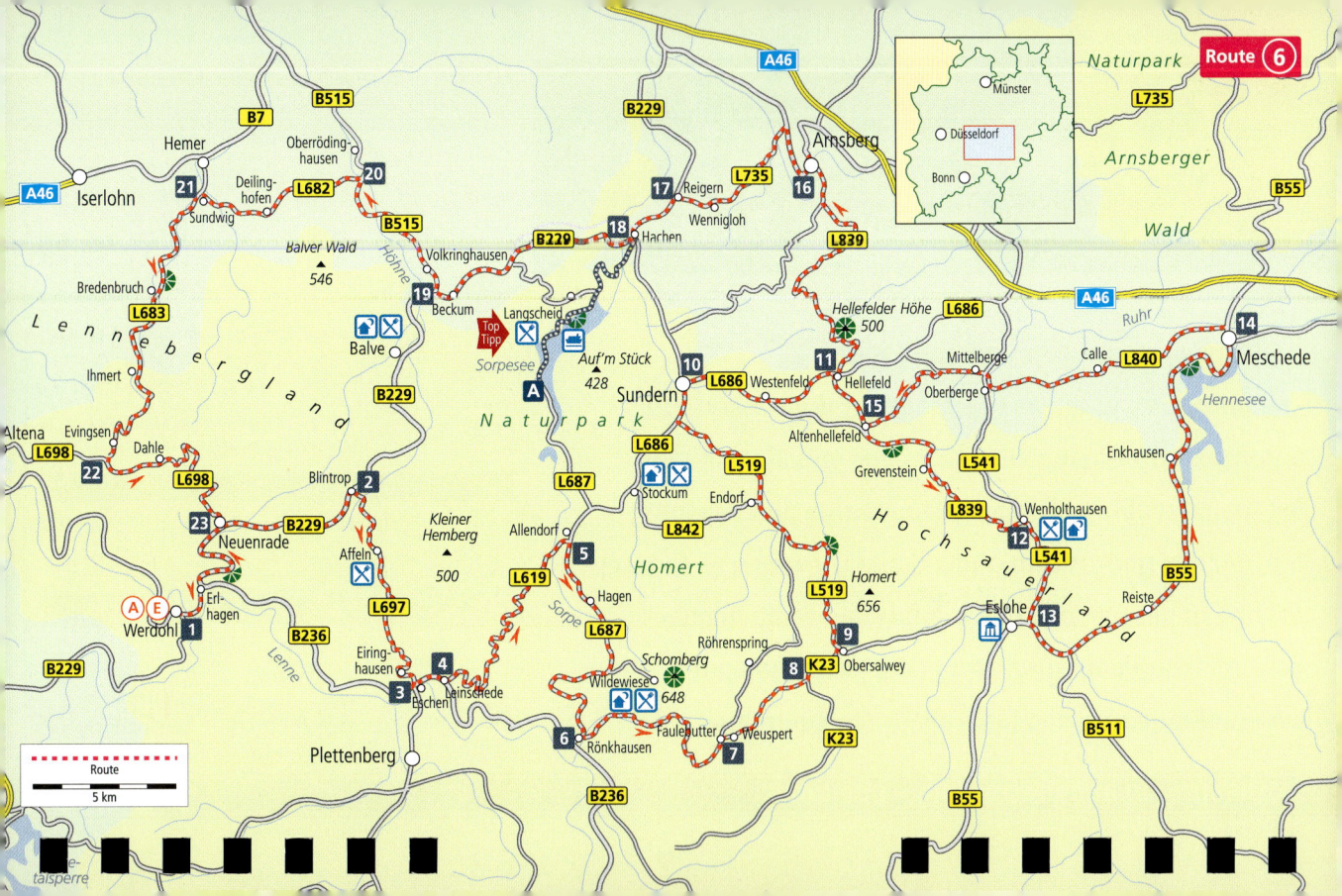

ROUTE 6

Tour-Stationen auf einen Blick

Tourlänge: 195 km

Nr.	Ort	PLZ	GPS-Koordinaten
(A)	Werdohl	D-58791	N 51 15.436 E 07 46.108
2	Blintrop	D-58809	N 51 17.689 E 07 50.777
3	Eiringhausen	D-58840	N 51 13.993 E 07 52.170
4	Leinschede	D-58840	N 51 14.039 E 07 53.456
5	Allendorf	D-59846	N 51 16.902 E 07 57.014
6	Rönkhausen	D-57413	N 51 13.083 E 07 57.471
7	Faulebutter	D-57413	N 51 13.337 E 08 01.787
8	Sundern	D-59846	N 51 19.799 E 08 00.357
9	Hellefeld	D-59846	N 51 20.045 E 08 05.033
10	Wenholthausen	D-59899	N 51 17.327 E 08 10.548

Nr.	Ort	PLZ	GPS-Koordinaten
11	Eslohe	D-59899	N 51 15.650 E 08 11.305
12	Meschede	D-59872	N 51 20.703 E 08 16.981
13	Altenhellefeld	D-59846	N 51 19.010 E 08 05.925
14	Arnsberg	D-59821	N 51 23.812 E 08 04.195
15	Hachen	D-59846	N 51 22.317 E 07 58.765
16	Beckum	D-59269	N 51 21.259 E 07 52.778
17	Oberrödinghausen	D-58710	N 51 23.123 E 07 51.048
18	Sundwig	D-58675	N 51 22.436 E 07 45.297
19	Neuenrade	D-58809	N 51 16.899 E 07 46.749
(E)	Werdohl	D-58791	N 51 15.436 E 07 46.108

Die Übersicht ist fortlaufend nummeriert und enthält neben den Etappenpunkten zur Orientierung ggf. weitere Orte entlang der Route; Referenzsystem der GPS-Koordinaten: WGS84

1

10,5 km

B229

Werdohl auf der B229 Richtung Balve verlassen und 8,5 km über Neuenrade bis Küntrop. Hier auf der B229 bleiben und 2 km bis Blintrop-Kuschert.

Strecke: Gleich nach dem Start warten die ersten flotten Kurven.

Restaurant- und Hotel-Tipp: In Sachen Motorrad sehr engagiert ist das Hotel Haus Recke Hönnetal in Balve. Im Restaurant werden echte Sauerländer Spezialitäten serviert.
Binolen 1, 58802 Balve, Tel. 023 79/209, www.haus-recke.de €€

Event-Tipp: Das Balver Irish Folk-Festival und das Balver Schützenfest sind nur zwei der bemerkenswerten Veranstaltungen, die in Europas größter Kulturhöhle stattfinden (www.balver-hoehle.de).

2

9 km

L697

Beim Weiler Kuschert rechts, 9 km auf der L697 über Affeln bis nach Plettenberg-Eiringhausen.

Strecke: Ideale Strecke für eine schnellere Gangart.

Restaurant-Tipp: Egal, ob fleischig-deftig oder vegetarisch: In der Gaststätte Willeke-Wortmann in Affeln kann man neue Kraft tanken.
Willeke-Wortmann, Hauptstraße 10, 58809 Neuenrade-Affeln, Tel. 023 94/755, www.willeke-wortmann.de

Abwechslung garantiert:
lichtes und dichtes Grün bei Affeln.

ROUTE 6

Sauerland – Glückliche Kühe in Faulebutter

3

2 km

B236

 Am Bahnhof in Eiringhausen links auf die B236, der Straße 2 km bis zum Ortsteil Leinschede folgen.

Strecke: Durch die Stadt – kurz am Ufer der Lenne entlang.

4

11 km

L619

L842

 Jetzt links auf die L619 (später L842) und 11 km – Richtung Sundern – bis Allendorf.

Strecke: Knackige Kurven am laufenden Band.

5

11,5 km

L687

In Allendorf scharf rechts auf die Allendorfer Straße (L687) und 11,5 km nach Rönkhausen.

Info: Der 648 Meter hohe Schomberg (erreichbar von der L687 aus) ist eine der höchsten Erhebungen des Naturparks. Von hier hat man einen einzigartigen Blick auf das »Land der 1000 Berge«.

Restaurant- und Hotel-Tipp: Zimmer im Landhausstil und Deftiges zu essen, vom regionalen Wild bis zum Landsknechtsgelage, bietet der Landgasthof Steinberg in Wildewiese an.

Landgasthof Steinberg, Wildewiese 1, 59846 Sundern-Wildewiese, Tel. 023 95/754, www.landgasthof-steinberg.de €€

Idylle im Naturpark: Faulebutter bei Finnetrop.

6
9 km
–

In Rönkhausen noch vor der Einmündung in die B236 links auf die Glingestraße, dann 9 km auf Nebenstraßen nach Faulebutter und Weuspert.

Strecke: Vorbei an saftig-grünen Wiesen und glücklichen Kühen.

7
3,5 km
–

In Weuspert links und 3,5 km bis zur Einmündung in die K23.

8
1,5 km
K23

Jetzt links auf die K23 und der Kreisstraße 1,5 km bis Obersalwey folgen.

9
13 km
L519

Auf Höhe Obersalwey links auf die L519 fahren und weiter 13 km – an Endorf vorbei – bis nach Sundern.

Strecke: Motorradwandern im Naturpark – mit Blick auf den Homert.

Restaurant- und Hotel-Tipp: Das Hotel-Restaurant Willecke in Stockum ist das Club-Hotel des Motorradclubs Sauerland e.V.

Hotel-Restaurant Willecke, Markt 5, 59846 Sundern-Stockum, Tel. 029 33/13 82, www.hotel-willecke.de €

Kurvenvergnügen bei Sundern.

ROUTE 6

Sauerland – Glückliche Kühe in Faulebutter

10
6,5 km
L686

11
11 km
L839

12
4 km
L541

Im Zentrum von Sundern rechts auf die L686 und 3,5 km nach Westenfeld, hier links und weiter 3 km auf der L686 bis nach Hellefeld.

In Hellefeld rechts auf die L839 auffahren und 11 km – über Grevenstein – bis nach Wenholthausen.

In Wenholthausen rechts abbiegen und 4 km auf der L541 bis nach Eslohe fahren.

Info: Dampfmaschinen-Fans geht im Esloher Maschinen- und Heimatmuseum das Herz auf. 14 Dampfmaschinen aus der Zeit von 1850 bis 1940 haben die Betreiber gesammelt. Bei den regelmäßig stattfindenden »Dampftagen« werden viele von ihnen in Schwung gebracht.
Maschinen- und Heimatmuseum, Homertstraße 27, 59889 Eslohe, Tel. 029 73/24 55 und 029 73/80 02 20, www.museum-eslohe.de

Restaurant- und Hotel-Tipp: In Wenholthausen lädt der Gasthof zur Post mit Whirlpool und Dampfsauna zum Entspannen ein.
Gasthof zur Post, Südstraße 4, 59889 Eslohe-Wenholthausen, Tel. 029 73/570, www.gasthof-zur-post.net €€

13

17 km

B55

Vor Eslohe rechts auf die B55 Richtung Meschede, der Bundesstraße 17 km folgen.

Strecke: Vor Meschede windet sich die Straße am geschwungenen Ufer des idyllischen Hennesees entlang.

14

15,5 km

L840

In Meschede links in die Arnsberger Straße, nach 1,5 km erneut links auf die L840 und 14 km über Calle und Mittelberge bis Altenhellefeld.

15

12 km

L839

In Altenhellefeld rechts und 12 km auf der L839 – über Hellefeld – bis nach Arnsberg fahren.

Strecke: Über die fast 500 Meter hohe Hellefelder Höhe, die tolle Aussichten bietet.

Info: Die Stadt Arnsberg lohnt einen Besuch. Mit ihren Fachwerkhäusern, Türmen, Toren und Giebeln wirkt sie wie ein lebendiges Freilichtmuseum. Alle zwei Jahre – z. B. 4./5. September 2010 – findet an der Schlossruine ein mittelalterliches Spectaculum mit Ritterturnier und Märkten statt (www.arnsberg.de).

A Sorpesee

Info: Rund um den Sorpesee gibt es unzählige Freizeitmöglichkeiten. Wie wäre es mit einem Besuch im Hochseilgarten oder einer Kanutour über den See? Schwimmen oder einfach nur den Blick übers Wasser genießen kann man natürlich auch (www.sorpesee.de).

TOP TIPP **⊠ Restaurant-Tipp:** Biker treffen sich bei Stavros am Sorpesee.

Stavros, Grill am Sorpesee, Zum Sorpeseedamm 11, 59846 Sundern-Langscheid, Tel. 029 35/28 02.

Event-Tipp: Alljährlich im Sommer steht der Sorpesee regelrecht in Flammen, beim Seefest mit fulminantem Feuerwerk (www.sorpe.de).

ROUTE 6

16
9 km
L735

In Arnsberg geradeaus und 2 km über die Hellefelder Straße in die Stadt. Dann links halten, zweimal über die Ruhr und 7 km auf der L735 Richtung Sorpesee.

17
2 km
B229

Bei Reigern links auf die B229, der Bundesstraße 2 km bis nach Hachen folgen.

18
8 km
B229

In Hachen rechts halten und auf der B229 bleiben, dann 8 km über Beckum bis Volkringhausen.

Strecke: Schwungvolle Fahrt am Nordrand des Naturparks entlang.

19
5 km
B515

Vor Volkringhausen rechts auf die B515 abbiegen und 5 km Richtung Oberrödinghausen.

Strecke: Ein paar hurtige Kurven als Zwischenspurt.

Nimm mich mit, Kapitän – Kreuzer im Sorpesee.

20
7 km
L682

Kurz vor Oberrödinghausen links auf die L682 abbiegen, 7 km über Deilinghofen bis Hemer.

21
12 km
L683

Jetzt links auf die L683 und der Straße über Bredenbruch 12 km bis nach Evingsen folgen.

Strecke: Fahrt durch das landschaftlich schöne Lennebergland.

22
9 km
L698

Durch Evingsen hindurch, dann links auf die L698 abbiegen und 9 km über Dahle bis Neuenrade.

23
5,5 km
B229

In Neuenrade rechts, dann 5,5 km auf der B229 zurück zum Ausgangspunkt Werdohl.

Strecke: Zurück in die Stadt.

Ⓔ

Kernige Schräglagen auf den Neuenrader Serpentinen.

Cruisen durch eine Bilderbuchlandschaft: Bei solch reizvollen Ausblicken ins grüne Sauerland kann die Gashand auch mal eine Pause einlegen.

Kurven, Kehren, Kahler Asten

Hochsauerland, Winterberg, Bad Berleburg

ROUTE 7

Sauerland – Kurven, Kehren, Kahler Asten

Ⓐ **Ausgangsort**
Schmallenberg (57392)

Ⓔ **Zielort**
Schmallenberg (57392)

 152 km  ★★★  ★★★★★

Straßentypen (in Prozent der Streckenlänge)

60	40

■ Landstraße/asphaltierte Nebenstraße
■ Bundesstraße/Schnellstraße

Diese Tour können Sie mit Route 9 kombinieren.

ℹ️ **Sauerland-Tourismus e.V.**
Johannes-Hummel-Weg 1
D–57392 Schmallenberg
Tel. 029 74/969 80
info@sauerland.com
www.sauerland.com

(➔ weitere Adressen siehe Seite 187)

Das Sauerland ist das Land der tausend Berge. Wo im Winter die Bobs durch die Eisbahn fegen, klettern die Straßen kehrenreich und steil auf die höchsten Gipfel. Aussichtstürme und zahlreiche Fachwerkdörfer liegen an diesen beliebten, kurzweiligen, aber abschnittsweise auch sehr anspruchsvollen Motorradstrecken. Und nach dem Kurvenreigen? Geht es natürlich zum Après-Bike ins Winterberger Nachtleben!

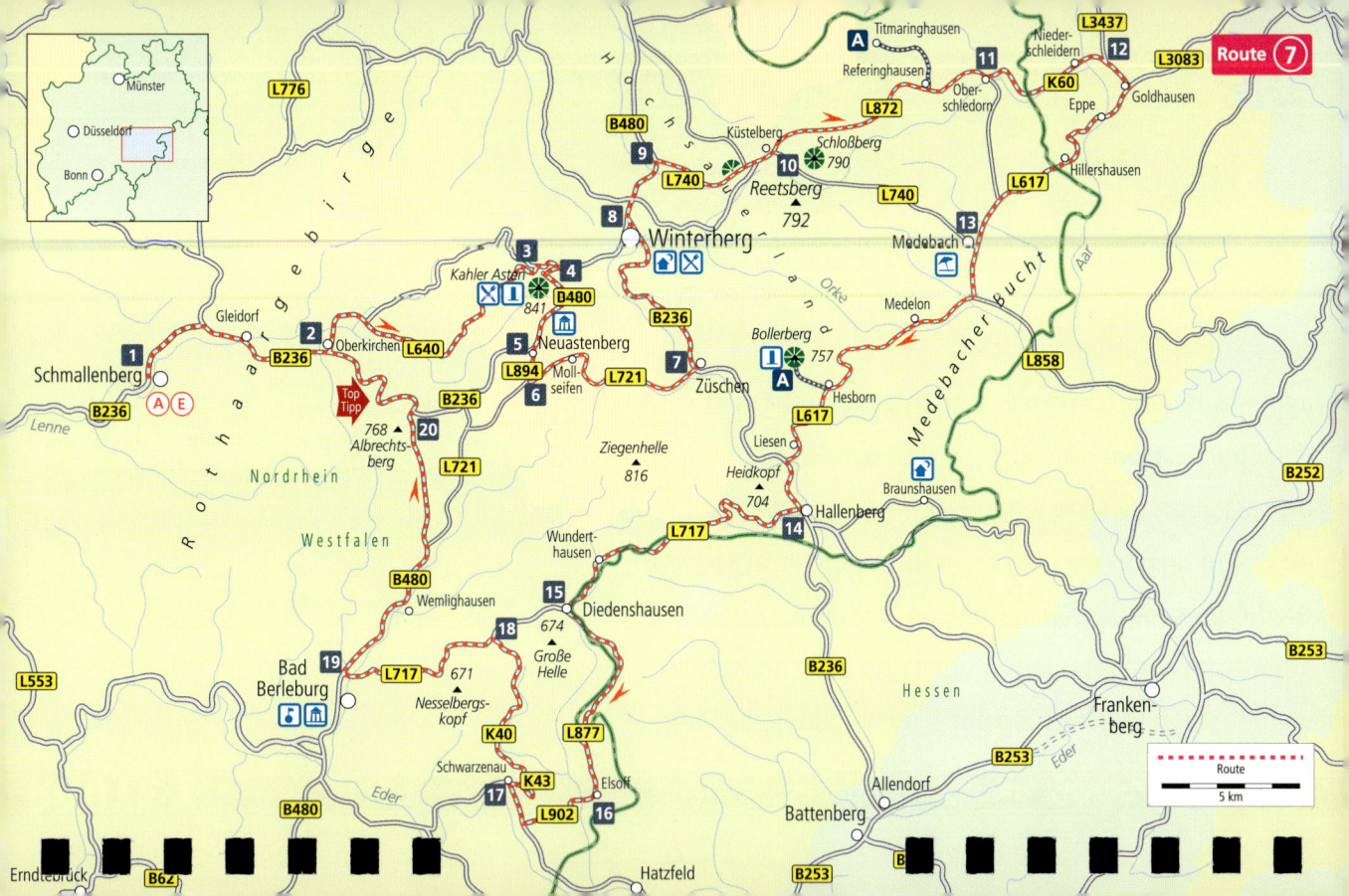

ROUTE 7 — Sauerland – Kurven, Kehren, Kahler Asten

Tour-Stationen auf einen Blick

Tourlänge: 152 km

Nr.	Ort	PLZ	GPS-Koordinaten
Ⓐ	Schmallenberg	D-57392	N 51 09.160 E 08 17.027
2	Oberkirchen	D-57392	N 51 09.588 E 08 22.542
3	Kahler Asten	D-59955	N 51 11.142 E 08 28.719
4	Neuastenberg	D-59955	N 51 09.879 E 08 29.149
5	Züschen	D-59955	N 51 09.238 E 08 33.695
6	Winterberg	D-59955	N 51 11.579 E 08 31.884
7	Küstelberg	D-59964	N 51 13.380 E 08 36.316
8	Oberschledorn	D-59964	N 51 14.847 E 08 42.950
9	Eppe	D-34497	N 51 14.147 E 08 46.385
10	Medebach	D-59964	N 51 11.750 E 08 42.426

Nr.	Ort	PLZ	GPS-Koordinaten
11	Hallenberg	D-59969	N 51 06.716 E 08 37.289
12	Diedenshausen	D-57319	N 51 04.621 E 08 30.074
13	Elsoff	D-57319	N 51 01.415 E 08 30.558
14	Schwarzenau	D-57319	N 51 01.457 E 08 28.105
15	Laibach	D-57319	N 51 04.057 E 08 26.600
16	Bad Berleburg	D-57319	N 51 03.384 E 08 23.624
Ⓔ	Schmallenberg	D-57392	N 51 09.160 E 08 17.027

Die Übersicht ist fortlaufend nummeriert und enthält neben den Etappenpunkten zur Orientierung ggf. weitere Orte entlang der Route; Referenzsystem der GPS-Koordinaten: WGS84

1

7,5 km

B236

Vom Zentrum Schmallenberg über die Bahnhof-straße auf die B236 und 7,5 km geradeaus Richtung Bad Berleburg bis nach Oberkirchen.

Strecke: Gleich hinter Schmallenberg geht es mächtig bergauf.

2

11 km

L640

In Oberkirchen links auf die L640, der Straße 11 km bis zum Kahlen Asten folgen.

Strecke: Weiter bergan auf interessanten Nebenstrecken.

Info: Der ganz mit grün patiniertem Kupfer ummantelte Aussichts-turm auf dem Kahlen Asten (841 m) ist ein beliebter Bikertreff. Der Panoramablick von oben ist fantastisch. Bei gutem Wetter kann man von hier Richtung Osten bis zum rund 160 Kilometer entfernten Brocken im Harz sehen. Kaffee und Snacks gibt's im Turmrestaurant.

3

1 km

L640

Auf Höhe Altastenberg rechts abbiegen, 1 km auf der L640 bis zur Einmündung auf die B480.

Strecke: Am Fuße des Kahlen Astens.

Der höchste Punkt Nordrhein-Westfalens – der Kahle Asten.

ROUTE 7 — Sauerland – Kurven, Kehren, Kahler Asten

4
3 km
B480

Jetzt rechts abbiegen und der Bundesstraße B480 3 km bis nach Neuastenberg folgen.

Strecke: Beginn einer tollen, schräglagenorientierten Schleife.

5
2,5 km
L894

In Neuastenberg links auf die L894, dann 2,5 km durch den Ort bis zur Auffahrt auf die L721.

Info: Kurzweilig und sehr amüsant: das Westdeutsche Wintersportmuseum in Neuastenberg. Abenteuerlich, mit welchem Gerät man sich früher die Skipisten und Bobbahnen herunterstürzte.
Westdeutsches Wintersportmuseum, Neuastenberger Straße 19, 59955 Winterberg-Neuastenberg, Tel. 029 81/26 36, Mi, Sa, So 15–17 Uhr.

6
7 km
L721

Jetzt halblinks auf die L721 und der Straße 7 km – über Mollseifen – bis nach Züschen folgen.

7
7 km
B236

In Züschen links auf die B236 abbiegen, dann 7 km bis nach Winterberg.

Der Mythenbrunnen in Züschen.

8

3 km

B480

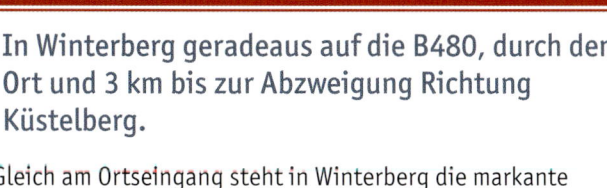

In Winterberg geradeaus auf die B480, durch den Ort und 3 km bis zur Abzweigung Richtung Küstelberg.

Info: Gleich am Ortseingang steht in Winterberg die markante St. Georg-Skisprungschanze. Der Wintersport mit über 21 Skiliften, unzähligen Pisten und Loipen, insgesamt fünf Schanzen und einer Bobbahn ist der touristische Schwerpunkt der Region.

Hotel-Tipp: Eigenes Hallenbad und Kegelbahn, auf Wunsch Tourguide. Hotel Ambassador, Auf der Wallme 5, 59955 Winterberg, Tel. 029 81/93 30 €€

Restaurant-Tipps: Uriges Ambiente und leckeres amerikanisches Essen gibt es im »Big Mountain American Roadhouse Bar & Grill«. Irischen Räucherlachs, traditionelle Fish & Chips und vieles mehr serviert das »Blackwater Irish Pub« in Winterberg.
Big Mountain American Roadhouse Bar & Grill, Schneilstraße 2 (direkt an der B 236), 59955 Winterberg, Tel. 029 81/80 29 18, www.big-mountain-winterberg.de
Blackwater Irish Pub, Nuhnestraße 2, 59955 Winterberg, Tel. 029 81/89 95 39, www.blackwater-irishpub.de

Event-Tipp: Spektakuläre Tricks, halsbrecherische Stunts und spannende Rennen präsentieren Mountainbiker und Freerider beim Dirtmasters-Festival in Winterberg (www.dirtmasters-festival.de).

Für Überflieger – die markante St. Georg-Sprungschanze in Winterberg.

ROUTE 7

9
5 km
L740

Jetzt rechts abbiegen und 5 km auf der L740 bis nach Küstelberg fahren.

Strecke: Erfreuliches Auf und Ab der Hochsauerland-Höhenstraße.

10
9,5 km
L872

In Küstelberg links, 9,5 km auf der L872 über Referinghausen bis nach Oberschledorn.

Strecke: Vorbei am 790 Meter hohen Schloßberg.

11
4,5 km
K60

In Oberschledorn links auf die K60 abbiegen und 4,5 km bis zur Einmündung in die L3437 fahren.

12
9 km
L3437
L3083
L617

Jetzt rechts auf die L3437, nach 1 km wieder rechts halten und 8 km über die L3083 und L617 bis nach Medebach.

Info: Plantschen und entspannen kann man im »Free Life Park« Medebach, einem Badeparadies mit Rutschen, Außenbecken, Liegewiese, Wellenbad, Sauna und Bar.

Free Life Park Hochsauerland, Sonnenallee 1, 59964 Medebach, Tel. 018 05/46 24 72 (0,14 €/Min), www.centerparcs.de

A Titmaringhausen

Info: Das Dörfchen Titmaringhausen nordöstlich von Winterberg bei Referinghausen ist ein echtes Fachwerkidyll. Nur 250 Menschen leben hier. Der 1708 erbaute Fresenhof mit seinem noch älteren Speicher gilt als eines der schönsten Fachwerkhäuser im ganzen Hochsauerland. Sehenswert ist auch die St. Antonius Kirche (1623). Einfach in Referinghausen kurz links abbiegen.

13

17 km

–

L617

14

12 km

L717

In Medebach rechts auf die Österstraße, links auf die Niederstraße und wieder rechts auf die L617. Der Straße 16 km bis nach Hallenberg folgen.

Strecke: Ab Medelon windet sich der Asphalt wieder wild durch die Landschaft: tolle Serpentinenstrecke!

In Hallenberg rechts auf die L717 und 12 km über Wunderthausen nach Diedenshausen.

Strecke: In tollen Kehren rund um den 700 Meter hohen Heidkopf. Ein Teil der Strecke verläuft genau auf der Landesgrenze zu Hessen.

Hotel-Tipp: Hier sind Biker gut aufgehoben, denn der Chef von Haus Wiesengrund ist selbst passionierter Motorradfahrer.

Haus Wiesengrund, Höfestraße 3, 59969 Hallenberg-Braunshausen, Tel. 029 84/560, www.wiesengrund.net €

Event-Tipp: In der Nacht von Karsamstag auf Ostersonntag startet in Hallenberg die Hallenberger Krachnacht: Gespenstisches Dunkel, ein Fackelzug und vor allem ohrenbetäubender Lärm verbinden sich zu einem unvergleichlichen Spektakel.

A Bollerberg

❋ ⓘ **Info:** Einen herrlichen Überblick über die bewaldeten Höhen des Rothaargebirges genießt man vom Aussichtsturm des 757 Meter hohen Bollerbergs. Der Turm ist ein wahres Kunstwerk aus Beton. Bei Hesborn den Hinweisschildern »Bollerberg« und »Aussichtsturm« folgen.

Westfalen — Medebach — Orke — Medelon — L617 — L858 — Medebacher Bucht — Bollerberg ⓘ ❋ 757 — A — Hesborn — B236 — L617 — Liesen — Hessen — Haidkopf 704 — 14 — Braunshausen — L717 — Hallenberg

ROUTE 7

15
8 km
L877

Geradeaus durch Diedenshausen, auf der L877 weiter 8 km bis nach Elsoff.

16
4,5 km
L902
L553

In Elsoff rechts halten und 4,5 km auf der L902 und L553 bis nach Schwarzenau fahren.

17
8 km
K43
K40

In Schwarzenau rechts, 8 km auf der K43 und der K40 bis zur bis Einmündung in die L717 bei Bad Berleburg.

18
6 km
L717

Jetzt links auf die L717 und 6 km bis Bad Berleburg.

Info: Das romantische Heilbad Berleburg mit seiner historischen Altstadt, seinen für die Gegend typischen Fachwerkhäusern, Gassen und Winkeln ist immer einen Besuch wert. Im Mittelpunkt der Altstadt steht das Wittgensteiner Schloss mit Museum, das Besucher weit zurück in die Vergangenheit des Sauerlandes blicken lässt.
Schlossmuseum, Goetheplatz 8, 57319 Bad Berleburg, Tel. 027 51/421.

Blühendes Sauerland bei Schmallenberg.

19

11 km

B480

In Bad Berleburg rechts auf die B480 abbiegen und 11 km bis zur T-Kreuzung an der B236.

Strecke: Vorsicht, häufige Geschwindigkeitskontrollen.

20

15 km

B236

Jetzt links auf die B236 und der Bundesstraße 15 km zurück ins Schmallenberger Zentrum folgen.

TOP TIPP *Strecke: Das atemberaubende, sportliche Finale einer an sich schon sehr kurvenreichen Tour.*

Ⓔ

Top Tipp

B236 **B236** **B480** **L721** **20**

768 ▲
Albrechts-
berg

L721

N o r d r h e i n -

W e s t f a l e n

B480

○ Wemlighausen

L717 **18** 674

Große
Helle

19 **L717** Nesselbergs-
▲kopf
671

○ Bad
Berleburg

L906

K40

Schwarzenau

K43

B480 **L553** **17**

Eder

Blick auf Schmallenberg: Die Stadt zählt rund 26 000 Einwohner und war im Mittelalter Mitglied der Hanse.

Sauerland

Hoch, höher,
am höchsten

Naturpark Diemelsee

ROUTE 8

Sauerland – Hoch, höher, am höchsten

 Ausgangsort
Bruchhausen (59939)

 **Zielort**
Bruchhausen (59939)

🏍 150 km 🌲 ★★★ 🏍 ★★★★

Straßentypen (in Prozent der Streckenlänge)

70	30

■ Landstraße/asphaltierte Nebenstraße
■ Bundesstraße/Schnellstraße

Diese Tour können Sie mit Route 4 und 10 kombinieren.

ℹ **Diemelsee Tourist Information**
Kirchstraße 6
D–34519 Diemelsee-Heringhausen
Tel. 056 33/911 33
info@diemelsee.de
www.ferienregion.diemelsee.de

(→ *weitere Adressen siehe Seite 187*)

Bildschönes Fachwerk, historische Altstädte, eine tolle Landschaft, Biergärten und beeindruckende Natur können Motorradfahrer auf der großen Runde rund um den Diemelsee erleben. Die Gashand hat, wie so oft im Sauerland, reichlich zu tun. Schnelle Bundesstraßen wechseln mit geruhsam zu fahrenden Sträßchen ab. Hier kommen Sportpiloten genauso auf ihre Kosten wie geübte, genusshungrige Tourenfahrer.

Route 8

ROUTE 8

Tour-Stationen auf einen Blick

Tourlänge: 150 km

Nr.	Ort	PLZ	GPS-Koordinaten	Nr.	Ort	PLZ	GPS-Koordinaten
(A)	Bruchhausen	D-59939	N 51 19.156 E 08 31.823	11	Kotthausen	D-34431	N 51 22.162 E 08 41.288
2	Willingen	D-34508	N 51 17.568 E 08 36.978	12	Stormbruch	D-34519	N 51 20.868 E 08 42.097
3	Korbach	D-34497	N 51 17.468 E 08 51.599	13	Schwalefeld	D-34508	N 51 18.568 E 08 37.479
4	Adorf	D-34519	N 51 21.672 E 08 48.304	14	Bontkirchen	D-59929	N 51 21.306 E 08 39.866
5	Vasbeck	D-34519	N 51 23.102 E 08 53.665	15	Hoppecke	D-59929	N 51 22.659 E 08 38.170
6	Marsberg	D-34431	N 51 27.766 E 08 50.867	16	Brilon	D-59929	N 51 23.697 E 08 33.838
7	Bredelar	D-34431	N 51 25.029 E 08 46.269	17	Altenbühren	D-59929	N 51 23.154 E 08 30.334
8	Messinghausen	D-59929	N 51 23.561 E 08 40.367	18	Olsberg	D-59939	N 51 21.280 E 08 29.420
9	Helminghausen	D-34431	N 51 22.980 E 08 43.754	(E)	Bruchhausen	D-59939	N 51 19.156 E 08 31.823
10	Diemelsee	D-34431	N 51 22.685 E 08 43.582				

Die Übersicht ist fortlaufend nummeriert und enthält neben den Etappenpunkten zur Orientierung ggf. weitere Orte entlang der Route; Referenzsystem der GPS-Koordinaten: WGS84

1

1,5 km

K47

 Ⓐ

Bruchhausen auf der K47 Richtung Norden verlassen und 1,5 km in Richtung Elleringhausen.

2

4 km

L743

An der Abzweigung der L743 rechts, 4 km Richtung Willingen bis zur Einmündung auf die B251.

Strecke: Blick auf die markanten, vierköpfigen Bruchhauser Steine.

3

27 km

B251

⊠

Jetzt rechts auf die B251 und über Willingen, Usseln und Rhena 27 km Richtung Korbach fahren.

Strecke: Bundesstraße mit schönen Kurven für sportliche Fahrer.

Restaurant-Tipp: Das Willinger Brauhaus bietet eine hervorragende Küche und kann auch besichtigt werden. Der Braumeister führt durch das Sudhaus, danach geht es in die Hopfenstube zum Probieren. Willinger Brauhaus, In den Kämpen 2, 34508 Willingen, Tel. 056 32/988 70, www.willinger-brauhaus.de

Hotel-Tipp: Der Sauerländer Hof in Willingen bietet Zimmer, Suiten und Apartments sowie perfekten Service für Motorradfahrer. Hotel Sauerländer Hof, Schwalefelder Straße 16, 34508 Willingen, Tel. 056 32/62 56, www.sauerlaender-hof-willingen.de €€

A Alternativstrecke

Info: Hinter Usseln links von der B251 abbiegen und über Eimelrod und Schweinsbühl zurück auf die B251 bei Rhena (circa 20 Kilometer).

TOP TIPP *Strecke: Kurvenspaß auf allerkleinsten Straßen an Feldern und malerischen Weilern vorbei. Ein Stück folgt die Strecke der Diemel.*

ROUTE 8 — Sauerland – Hoch, höher, am höchsten

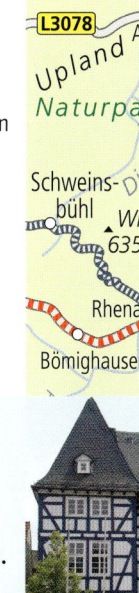

4

13 km

L3076

 **Vor Korbach links halten. Im Industriegebiet Nord links auf die L3076, dann 12 km bis nach Adorf.**

Info: Die über 1 000 Jahre alte Hansestadt Korbach hat nicht nur eine sehenswerte historische Innenstadt. Es lassen sich auch überall die Spuren des Goldbergbaus verfolgen, der einst am Korbacher Eisenberg boomte.

Hotel-Tipp: Garage, Trockenraum, Tourentipps und auf Wunsch einen Tourguide gibt es im Korbacher Hotel »Goldflair« am Rathaus.
Hotel Goldflair am Rathaus, Stechbahn 8, 34497 Korbach, Tel. 056 31/500 90, www.hotel-goldflair.de € €

Event-Tipp: Im Oktober kann man sich auf dem mittelalterlichen Markt in Korbach auf Zeitreise begeben (www.korbach.de).

5

10 km

L3078

In Adorf rechts auf die L3078, der Straße 10 km über Vasbeck in Richtung Bad Arolsen folgen.

Info: Das Besucherbergwerk Grube Christiane bei Adorf informiert über die einst schwere und gefährliche Arbeit der Kumpels unter Tage.
Besucherbergwerk Grube Christiane, Bredelarer Straße 30, 34519 Diemelsee, Tel. 056 33/59 55, www.grube-christiane.de

Malerisch: Die historische Hansestadt Korbach.

6

15 km

L870
L549

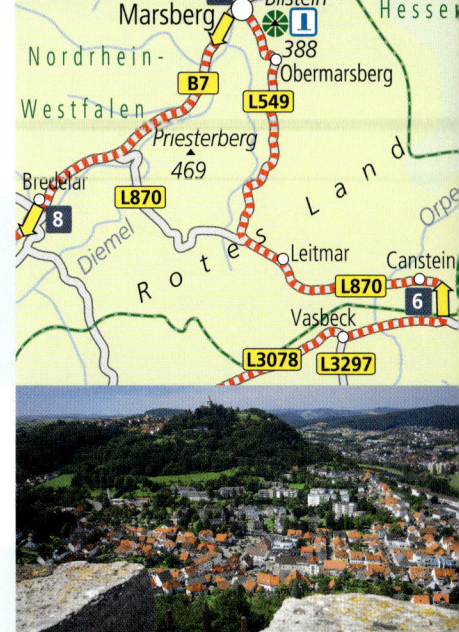

Hinter Vasbeck links und auf der L870 – später auf der L549 – 15 km bis Marsberg fahren.

Info: Der Bilsteinturm wacht gemeinsam mit alten Mauerresten hoch über der Stadt Marsberg. Die Aussicht und der Blick über den Ort von hier oben sind eindrucksvoll.

7

8 km

B7

In Marsberg links auf die B7 fahren, dann 8 km bis nach Bredelar und durch den Ort.

Event-Tipp: Alle drei Jahre (2011) im September lockt der Historische Markt nach Obermarsberg (www.kolping-obermarsberg.de).

8

9 km

L870

Zwischen Bredelar und Beringhausen links auf die L870 und 9 km nach Messinghausen.

Strecke: Langgezogene Kurven entlang des Flüsschens Hoppecke.

9

5,5 km

L912

In Messinghausen links und 5,5 km auf der L912 ins kleine Dorf Helminghausen.

Strecke: Schmale, kurvenreiche Passagen, die zur Diemel führen.

Die Stadt Marsberg unterhalb des Bilsteinturms.

ROUTE 8 — Sauerland – Hoch, höher, am höchsten

10
1 km
L800

In Helminghausen rechts auf die L800 zum Diemelsee, 1 km bis zum Motorradtreff am Fährhaus.

Hotel-Tipp: Ein Landhotel mit angeschlossenem Bauernhof, in dem ein Familienurlaub mit Motorrad und Kinderbetreuung möglich ist, ist das Landhotel Ottonenhof in Diemelsee-Ottlar.

Landhotel Ottonenhof, Zum Upland 8, 34519 Diemelsee-Ottlar, Tel. 056 33/99 16 66, www.ottonenhof.de €€

TOP TIPP **Restaurant-Tipp:** Beliebter Motorradtreff mit viel Atmosphäre.
Fährhaus am Diemelsee, Am See 20, 34431 Marsberg/Helminghausen, Tel. 029 91/781 12, www.bikercafe-diemelsee.de

11
5 km
L800
L3393

Weiter geradeaus, 5 km auf der L800 und L3393 bis zur Abzweigung in Richtung Stormbruch.

Strecke: Achtung, der Abzweig ist leicht zu übersehen!

12
3,5 km
–

Jetzt scharf links abbiegen und 3,5 km bis Stormbruch fahren.

Strecke: Hier beginnt die Umfahrung des 738 Meter hohen Dommel, eine schöne Schlaufe, die in Bontkirchen ihren Abschluss findet.

Ruhepause am Diemelsee – Bikercafé Fährhaus.

13
10 km
–

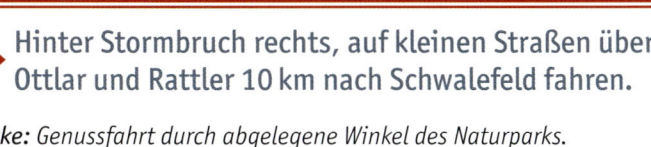

Hinter Stormbruch rechts, auf kleinen Straßen über Ottlar und Rattler 10 km nach Schwalefeld fahren.

Strecke: Genussfahrt durch abgelegene Winkel des Naturparks.

14
7 km
L3393

In Schwalefeld über die Uplandstraße zur L3393, hier rechts und 7 km bis Bontkirchen.

Info: Der Luftkurort Schwalefeld mit seinen Burgruinen liegt im romantischen Aartal und ist idealer Ausgangspunkt für Wanderungen. Wer sich also nach langer Fahrt die Beine vertreten möchte, kann das auf den markierten Wanderwegen S1, S4, S6 und S7. Auch der 64 Kilometer lange Uplandsteig führt am Ort vorbei (www.schwalefeld.de).

15
5 km
K61

Am Ortsende links auf die K61, 5 km bis Hoppecke.

16
8 km
L870

In Hoppecke über die Auffahrt rechts auf die L870 und 8 km über die Hoppecker Straße nach Brilon.

Strecke: Ein tolles Kurvengeschlängel.

Ums Eck bei Hoppecke.

17
4 km
B7

 In Brilon im zweiten Kreisel die 2. Ausfahrt nehmen und 4 km auf der B7 bis nach Altenbüren.

Info: Am Marktplatz im historischen Stadtzentrum von Brilon erhebt sich die barocke Fassade des Rathauses, das bereits im 13. Jahrhundert als Zunfthaus erbaut wurde.

18
5,5 km
B480

 In Altenbüren links auf die B480 und 5,5 km bis nach Olsberg fahren.

Restaurant- und Hotel-Tipp: Das bikerfreundliche Landhotel am Schloss in Olsberg-Gevelinghausen lockt mit gemütlichem Biergarten. Landhotel am Schloss, Kreisstraße 2, 59939 Olsberg-Gevelinghausen, Tel. 029 04/977 00, www.landhotel-am-schloss.de €

19
8 km
L743
K47

 Im Ort links auf die L743 (später K47) Richtung Elleringhausen und 8 km zurück nach Bruchhausen.

Info: Die markanten Bruchhauser Steine liegen östlich von Bruchhausen. Ein Besuch lohnt sich: Die Felsen können bestiegen werden und bieten von oben einen tollen, weiten Panoramablick. Stiftung Bruchhauser Steine, Tel. 029 62/976 70, www.stiftung-bruchhauser-steine.de

Zwischen Fürsten-hof und Saustall

Durchs Rothaargebirge

ROUTE 9

 Ausgangsort
Bad Berleburg (57319)

Zielort
Bad Berleburg (57319)

 159 km    ★★★   ★★★★

Straßentypen (in Prozent der Streckenlänge)

80	20

■ Landstraße/asphaltierte Nebenstraße
■ Bundesstraße/Schnellstraße

Diese Tour können Sie mit Route 7 kombinieren.

ℹ **Naturpark Rothaargebirge**
Heinrich-Jansen-Weg 14
D–59929 Brilon
Tel. 029 61/94 32 23
naturparke@hochsauerlandkreis.de
www.naturpark-rothaargebirge.de

(→ *weitere Adressen siehe Seite 187*)

Bei dieser abwechslungsreichen Rothaar-Runde ist für jeden Geschmack etwas dabei. Sportliche Etappen auf schnellen Bundesstraßen wechseln sich mit schmalem Asphalt ab. Serpentinen verschaffen den richtigen Kurvenspaß. Der Rhein-Weser-Turm ist beliebter Motorradtreff und sorgt für Vogelperspektive. Hier wird es wirklich gebirgig, es warten fantastische Aussichten und sehr viele kleine, extrem kurvenreiche Nebenstraßen.

ROUTE 9

Tour-Stationen auf einen Blick

Tourlänge: 159 km

Nr.	Ort	PLZ	GPS-Koordinaten
Ⓐ	Bad Berleburg	D-51319	N 51 02.784 E 08 23.340
2	Markhausen	D-51319	N 51 01.858 E 08 22.694
3	Röspe	D-57339	N 51 02.058 E 08 14.775
4	Erndtebrück	D-57339	N 50 59.333 E 08 15.332
5	Lützel	D-57271	N 50 58.103 E 08 10.334
6	Großenbach	D-57334	N 50 55.145 E 08 14.721
7	Hainchen	D-57250	N 50 51.392 E 08 12.727
8	Ewersbach	D-35716	N 50 50.089 E 08 20.127
9	Mandeln	D-35716	N 50 51.146 E 08 20.282
10	Laaspherhütte	D-57334	N 50 55.346 E 08 24.207

Nr.	Ort	PLZ	GPS-Koordinaten
11	Leimstruth	D-57339	N 50 59.011 E 08 19.726
12	Weidenhausen	D-57319	N 50 59.266 E 08 21.092
13	Richstein	D-57319	N 50 59.048 E 08 27.835
14	Bad Laasphe	D-57334	N 50 55.787 E 08 26.054
15	Ludwigshütte	D-35216	N 50 55.101 E 08 30.325
16	Eifa	D-35116	N 50 57.950 E 08 35.108
17	Hatzfeld	D-35116	N 50 59.654 E 08 31.624
18	Diedenshausen	D-57319	N 51 04.698 E 08 29.975
Ⓔ	Bad Berleburg	D-51319	N 51 02.784 E 08 23.340

Die Übersicht ist fortlaufend nummeriert und enthält neben den Etappenpunkten zur Orientierung ggf. weitere Orte entlang der Route; Referenzsystem der GPS-Koordinaten: WGS84

1

2,5 km

B480

Ⓐ ⊠ 🏠 🎵 🏛

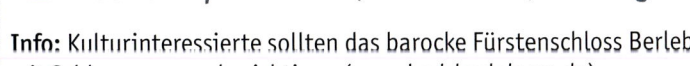

Bad Berleburg auf der B480 nach Süden in Richtung Bad Laashpe verlassen, der Straße 2,5 km folgen.

Info: Kulturinteressierte sollten das barocke Fürstenschloss Berleburg mit Schlossmuseum besichtigen (www.bad-berleburg.de).

Restaurant- und Hotel-Tipps: Der Name ist Programm. Das Hotel-Restaurant Erholung in Bad Berleburg ist motorradfreundlich, bietet ruhige Zimmer mit Blick aufs Rothaargebirge und ist mit gemütlicher Außenterrasse ausgestattet. Egal, ob zum Essen oder zur Übernachtung: Auch im Landgasthof Wittgensteiner Schweiz in Teiche, östlich der Stadt, sind Motorradfahrer gern gesehene Gäste. Hier serviert man neben Wildspezialitäten auch Nudeln aus eigener Herstellung.

Hotel-Restaurant Erholung, Auf dem Laibach 1, 57319 Bad Berleburg, Tel. 027 51/72 18, www.erholung-berleburg.de €€

Landgasthof Wittgensteiner Schweiz, Hof Teiche 2, 57319 Bad Berleburg, Tel. 027 50/214, www.wittgensteiner-schweiz.de €€

Event-Tipp: Das Wittgensteiner Erntedankfest mit Brotmarkt zieht jährlich viele Tausend Besucher an. Musik, Handwerkstradition, Erntewagen-Umzug mit historischen Wagen sind nur einige der Highlights (www.bad-berleburg-tourismus.de).

Schloss Berleburg im Herzen der Stadt.

ROUTE 9

2

13 km

L533

3

5 km

L720

Kurz vor Markhausen rechts auf die L553 und 13 km Richtung Kirchhundem bis Röspe.

Strecke: Ein Stück am Industriegebiet vorbei. Als Entschädigung dann die kurvenreiche Landstraße entlang der Eder.

Info: Im Panorama-Park Sauerland bei Oberhundem gibt es nicht nur das ganze Jahr über jede Menge Abwechslung, sondern auch zahlreiche Veranstaltungen (www.panoramapark-wildpark.de).

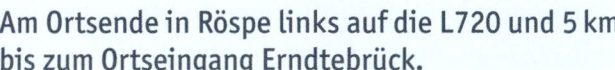

Am Ortsende in Röspe links auf die L720 und 5 km bis zum Ortseingang Erndtebrück.

TOP TIPP **Info:** Im Landgasthof Afflerbach-Bald in Erndtebrück-Zinse lässt es sich nicht nur hervorragend speisen und übernachten: Wirt Rudolf Bald sammelt historische Zweiräder. Schwerpunkt der Kollektion sind BMW-Motorräder und Gespanne ab Baujahr Ende der 1920er-Jahre bis zur Gegenwart. Mehr als zwei Dutzend davon sowie einige historische Autos stehen zur Besichtigung. Führungen sind nach telefonischer Anmeldung auch kurzfristig möglich.
Landgasthof Afflerbach-Bald, Große Mittel 13, 57339 Erndtebrück-Zinse,
Tel. 027 53/33 52, www.bald-online.de €€

A Rhein-Weser-Turm

❀ *Strecke: Ungebremstes Motorradvergnügen, von Röspe aus geht es in vielen Kurven in Richtung Kirchhundem.*

✕ ⬆ ⓘ **Restaurant- und Hotel-Tipp:** Nicht zuletzt wegen der kurvenreichen Anfahrt hat sich der Rhein-Weser-Turm auf dem Westerberg im Rothaargebirge zu einem beliebten Motorradtreffpunkt entwickelt. Im Nebengebäude des Rhein-Weser-Turms kann man in sechs ebenso modernen wie gemütlichen Gästezimmern gut und noch dazu preiswert übernachten.
Rhein-Weser-Turm, Talstraße 60,
57399 Kirchhundem-Heinsberg,
Tel. 027 23/722 42 oder 027 23/76 38,
www.rhein-weser-turm.de €€

4

8 km

B62

Vor Erndtebrück rechts auf die B62 abbiegen und – durch den Ort – 8 km bis nach Lützel.

Strecke: Entlang der Eder – das Flüsschen wird zum Weggefährten.

5

9 km

L722

In Lützel links auf die L722 abbiegen und 9 km – immer geradeaus – bis nach Großenbach fahren.

6

9,5 km

L722

Auf Höhe Großenbach geradeaus auf die L722 und der Straße 9,5 km in Richtung Hainchen folgen.

Strecke: Wildes Gekurve in die 600 Meter aufragende Haincher Höhe.

7

13 km

L729

Kurz vor Hainchen links, durch den Ort und 13 km auf der L729 weiter nach Ewersbach.

Strecke: Eben noch in NRW, tourt man plötzlich durch Hessen.

8

5 km

L3043

Kurz hinter Ewersbach, bei Steinbrücken, links und 5 km auf der L3043 in Richtung Bad Laasphe.

9
13 km
L718

Zwischen Mandeln und Achenbach links, 13 km auf der L718 bis Laaspherhütte.

Strecke: Zurück in NRW, dem Lauf des Flüsschens Banfe folgend.

10
11 km
B62

Kurz nach Laaspherhütte links auf die B62 und 11 km, der Bundesstraße folgend, bis zum Abzweiger der B480 auf Höhe Leimstruth.

Strecke: Spannend zu fahrende Kurvensequenz bei Holzhausen.

11
2 km
B480

Jetzt rechts auf die B480 abbiegen und 2 km Richtung Weidenhausen.

12
2,5 km
K46

Noch vor Weidenhausen rechts auf die K46 und 2,5 km bis zur Einmündung in die L718.

Info: Die große Runde von Laaspherhütte bis Bad Laasphe führt um einen 601 Meter hohen Berg, dem der Volksmund den so skurrilen wie liebevollen Namen »Saustall« gegeben hat.

Auf kleinen Straßen durchs grüne Wittgensteiner Land.

13
4,5 km
L718

14
7 km
–

15
8 km
L903

Jetzt rechts auf die L718 und 4,5 km (Richtung Bad Laasphe) bis zum Abzweig nach Richstein.

Strecke: Diese Sträßchen gehören zu den feinsten der Region.

Am Abzweig links abbiegen und 7 km auf kleiner Straße bis nach Richstein fahren.

In Richstein rechts auf die L903 und 8 km bis nach Bad Laasphe.

Strecke: Wunderschöne Links-Rechts-Kombinationen vor Bad Laasphe.

Info: Das Internationale Radio-Museum zeigt eine weltweit einmalige Sammlung von über 3 000 Geräten. Führungen sind möglich. Radio-Museum, Bahnhofstraße 33, 57334 Bad Laasphe, Tel. 027 52/97 98, www.fitg.de/radiomuseum/radio.html, Di, Do und Sa–So 14.30–17 Uhr.

Restaurant-Tipp: Der gemütliche Gasthof Zur Sonne bietet im Herzen der historischen Bad Laaspher Altstadt deutsche und mediterrane Küche. Brauerei-Gasthof Zur Sonne, Königsstraße 32, 57334 Bad Laasphe, Tel. 027 52/50 69 67, www.brauereigasthof-zursonne.de

Tipp: Bad Laasphe

Info: Den historischen, fast vollständig erhaltenen Ortskern der beschaulichen Kleinstadt Bad Laasphe sollte man kurz zu Fuß erkunden. Zu sehen gibt es, neben viel regionstypischem Fachwerk, Fragmente der alten Stadtmauer sowie die aus dem 13. Jahrhundert stammende, heute evangelische Stadtkirche (www.bad-laasphe.de).

ROUTE 9 — Sauerland – Zwischen Fürstenhof und Saustall

16
6 km
B62

⊠
🏠

In Bad Laasphe links, der B62 in Richtung Biedenkopf folgen, 6 km bis Ludwigshütte.

Restaurant- und Hotel-Tipp: Ein netter Biergarten und eine ebenso schöne Aussichtsterrasse warten im Park-Hotel Biedenkopf. Park-Hotel Biedenkopf, Auf dem Radeköppel 2, 35216 Biedenkopf, Tel. 064 61/78 80, www.park-hotel.de €€

17
9 km
B253

In Ludwigshütte links auf die B253 und der Straße 9 km bis Eifa folgen.

Strecke: Schnelle Bundesstraße.

18
7 km
L553

Am Ortsausgang von Eifa links auf die L553, dann 7 km Richtung Hatzfeld/Bad Berleburg.

Strecke: Auf der Eder-Ferienstraße ein Stück entlang der Eder.

19
4 km
K113
K55

Kurz hinter Hatzfeld rechts auf die K113 abbiegen und 4 km – später auf der K55 – nach Elsoff.

A Motorradtreff auf der Sackpfeife

❀ ⓘ **Info:** Von der B253 bei Eifa ist es ein kurzes Stück bis zur 674 Meter hohen Sackpfeife. Vom Aussichtsturm oben auf dem Berg bietet sich ein atemberaubendes Panorama und zu Füßen des Turms treffen sich eigentlich immer jede Menge Motorradfahrer.

20
8 km
L877

In Elsoff rechts auf die L877 abbiegen und 8 km über Alertshausen bis nach Diedenshausen fahren.

Strecke: Herrliche Straßen, auf denen man fast alleine unterwegs ist.

21
12 km
L717

In Diedenshausen links auf die L717. Zurück zum Ausgangspunkt Bad Berleburg sind es 12 km.

Strecke: Letzte Gelegenheit, mit den Fußrasten noch ein paar Mal den Asphalt anzukratzen.

Ⓔ

Immer wieder faszinieren die Landschaftskompositionen des Sauerlandes.

Wälder, Seen, Berge und vor allem jede Menge spannende Kurven: Das alle bietet der Naturpark Rothaargebirge – ein ideales Terrain für Biker.

Burgen, Bisons, Baumalleen

Nordöstliches Sauerland, Rüthen, Bad Arolsen, Korbach

10

ROUTE 10

Sauerland – Burgen, Bisons, Baumalleen

(A) Ausgangsort
Rüthen (59602)

(E) Zielort
Rüthen (59602)

 206 km    ★★★   ★★

Straßentypen (in Prozent der Streckenlänge)

30	70

- Landstraße/asphaltierte Nebenstraße
- Bundesstraße/Schnellstraße

Diese Tour können Sie mit Route 8 kombinieren.

i Stadt Bad Arolsen
Große Allee 26
34454 Bad Arolsen
Tel. 056 91/80 10
info@bad-arolsen.de
www.bad-arolsen.de

(→ *weitere Adressen siehe Seite 188*)

Hier gibt es sie noch: Einst in Europa fast ausgestorben, leben heute wieder Bisons in Scherfedes Wisentgehege. Unweit davon zeugt eine mächtige Festung von früherem Größenwahn und in Fürstenberg residierten Hexenverbrenner. Eine anfängerfreundliche, reizvolle Entdeckungstour durch die ländliche Region zwischen Sintfeld und Eggegebirge. Auf ruhigen Nebenstrecken fährt man durch die sanfte Landschaft des nordöstlichen Sauerlands.

ROUTE 10

Sauerland – Burgen, Bisons, Baumalleen

Tour-Stationen auf einen Blick

Tourlänge: 206 km

Nr.	Ort	PLZ	GPS-Koordinaten
Ⓐ	Rüthen	D-59602	N 51 29.544 E 08 26.200
2	Wülfte	D-59929	N 51 26.404 E 08 34.273
3	Alme	D-59929	N 51 27.638 E 08 37.047
4	Hemmern	D-59602	N 51 31.410 E 08 27.635
5	Büren	D-33142	N 51 33.288 E 08 33.636
6	Bad Wünnenberg	D-33181	N 51 31.493 E 08 41.682
7	Fürstenberg	D-33181	N 51 30.958 E 08 44.529
8	Meerhof	D-34431	N 51 30.765 E 08 51.946
9	Westheim	D-34431	N 51 29.810 E 08 54.893
10	Scherfede	D-34414	N 51 32.073 E 09 01.151

Nr.	Ort	PLZ	GPS-Koordinaten
11	Diemelstadt	D-34474	N 51 28.050 E 09 01.255
12	Volkmarsen	D-34471	N 51 24.549 E 09 07.078
13	Bad Arolsen	D-34454	N 51 22.889 E 08 59.674
14	Nieder-Waroldern	D-34477	N 51 18.433 E 09 00.496
15	Korbach	D-34497	N 51 15.705 E 08 54.340
16	Adorf	D-34519	N 51 21.686 E 08 48.290
17	Padberg	D-34431	N 51 24.354 E 08 45.917
18	Hoppecke	D-59929	N 51 22.597 E 08 37.568
19	Alme	D-59929	N 51 27.550 E 08 37.568
Ⓔ	Rüthen	D-59602	N 51 29.544 E 08 26.200

Die Übersicht ist fortlaufend nummeriert und enthält neben den Etappenpunkten zur Orientierung ggf. weitere Orte entlang der Route; Referenzsystem der GPS-Koordinaten: WGS84

1

13 km

B516

Ⓐ **Rüthen auf der B516 Richtung Brilon verlassen, 13 km bis zum Abzweig der B480 bei Wülfte.**

Strecke: Überschaubar, aber dennoch mit spannenden Kurven geht es dahin zwischen dichtem Wald und dem Wiesental der Möhne.

Info: Rüthen lohnt einen Bummel, hier gibt es viel zu sehen: das alte Stadttor, die Reste einer vier Kilometer langen Stadtmauer, den Hexenturm oder das barocke Rathaus mit mächtiger Freitreppe.

2

5 km

B480

Jetzt links auf die B480 abbiegen und der Bundesstraße 5 km bis Alme folgen.

Strecke: Auch diese Bundesstraße erlaubt ein flotteres Tempo.

3

11 km

L637

Auf Höhe Alme links auf die L637 und 11 km bis nach Siddinghausen fahren.

Strecke: Beschauliche Fahrt entlang der träge dahinfließenden Alme.

4

3 km

–

Jetzt links in den Ort und über die kleine Sidagstraße 3 km nach Kneblinghausen.

Ⓐ Schloss Körtlinghausen

ℹ Info: Das barocke Wasserschloss Körtlinghausen liegt im Glennetal zwischen Rüthen und Warstein und wurde 1714 bis 1743 erbaut. Es ist ein streng symmetrisches Beispiel westfälischer Schlossbaukunst. Die auf Hofgut Körtlinghausen erzeugten Produkte werden ab Hof verkauft.

Tel. 029 02/979 50, Mo–Fr 8–13 und 14–17 Uhr, www.schloss-koertlinghausen.de

Barocke Pracht: Schloss Körtlinghausen.

ROUTE 10 — Sauerland – Burgen, Bisons, Baumalleen

5
5 km
–

In Kneblinghausen rechts, auf kleinen Straßen 5 km über Meiste nach Hemmern.

Strecke: Ruhiges Fahren auf schmalen, von Bäumen gesäumten Straßen durch eine blühende Kulturlandschaft.

6
6 km
K78

An der Ortseinfahrt Hemmern gleich rechts auf die K78 in Richtung Büren und 6 km bis Weine.

Strecke: Eine Allee durch den Hemmergrund, ein lang gestrecktes flaches Tal, flankiert von Wald und Wiesen.

7
3 km
L637

In Weine links auf die L637 und 3 km bis nach Büren fahren.

8
12 km
L549

In Büren scharf rechts auf die L549 abbiegen, dann 12 km über Hegensdorf bis Bad Wünnenberg.

Strecke: Leicht geschwunge Landstraße durch das grüne Aftetal.

Durch den Hemmergrund.

9
4 km
B480

Vor Bad Wünnenberg rechts auf die B480 und 4 km – durch den Ort – bis zur Abzweigung der L956.

Hotel-Tipp: Angenehmes Haus am südlichen Stadtrand von Bad Wünnenberg, das Zimmer, Appartments und Ferienwohnungen anbietet. Mit eigenem Grillplatz, Biergarten und Forellenteich.
Aatal Hotel, Am Kurpark 1, 33181 Bad Wünnenberg, Tel. 029 53/962 69 00, www.aatal-hotel.de

10
3 km
L956

Jetzt links auf die L965, 3 km bis zur T-Kreuzung mit der K36 bei Bleiwäsche.

11
5 km
K36

Auf Höhe Bleiwäsche links auf die K36 und der Straße 5 km bis Fürstenberg folgen.

Strecke: An der Aabachtalsperre vorbei.

Info: Ja, das Wasser glitzert verlockend, aber an der Aabachtalsperre muss die Badehose leider in der Satteltasche bleiben. Der See ist eine Trinkwassertalsperre, das Baden ist daher verboten.

A Wewelsburg

Info: Hoch aufragend über dem Tal der Alme liegt die Wewelsburg. Die mächtige Burg mit einem dreieckigen Grundriss wurde im 12. Jahrhundert erstmals urkundlich erwähnt. Sie beherbergt heute das Historische Museum des Hochstifts Paderborn.
Kreismuseum Wewelsburg, Burgwall 19, 33142 Büren-Wewelsburg, Tel. 029 55/762 20, www.wewelsburg.de

Restaurant- und Hotel-Tipp: Eine Jugendherberge in einer echten Ritterburg. Mitglied im Deutschen Jugendherbergswerk kann man übrigens auch im Internet werden (www.jugendherberge.de).
Jugendherberge Wewelsburg, Burgwall 17, 33142 Büren, Tel. 029 55/61 55, www.djh-wl.de/jh/wewelsburg

ROUTE 10

12

1 km

L549

Kurz vor Fürstenberg links auf die L549, 1 km bis zur Abzweigung der L744 Richtung Lichtenau.

Info: Schloss Fürstenberg ist für seine Hexenprozesse berüchtigt. Vor gut 300 Jahren wurden in den Gemäuern zahlreiche grausige Todesurteile ausgesprochen. Daher rührt auch der alte Spottname der Fürstenberger: »Hexenverbrenner«. Leider keine Besichtigungen. Am Schlosspark, 33181 Wünnenberg-Fürstenberg.

13

9,5 km

L744
L636

Hier rechts und nach 0,5 km gleich wieder rechts durch den Ort, dann 9 km auf der L636 bis Meerhof.

Strecke: Landstraße mit einigen schönen Kurven.

Info: Im Windpark Sintfeld auf der Sintfeld-Hochfläche bei Meerhof werden rund 65 Windenergieanlagen betrieben. Das Eggegebirge bietet ideale Bedingungen für die Gewinnung der alternativen Energieform, da es als einer der ersten Ausläufer des Mittelgebirges den von Norden kommenden Wind aufhält.

14

6 km

L636

In Meerhof geradeaus, 6 km auf der L636 über die K69 hinweg bis Westheim.

Baden leider verboten: die Aabachtalsperre

15

7,5 km

B7

 **Bei Westheim links auf die B7 und der Bundesstraße 7,5 km in Richtung Scherfede folgen.**

Strecke: Fahrt entlang des Scherfeder Walds.

Info: Haben Sie schon einmal ein Wisent in freier Natur gesehen? Europas größtes Landsäugetier lässt sich im großen Wisentgehege Scherfede bei Warburg-Hardehausen aus nächster Nähe bestaunen. Zudem leben dort Tarpane, Wildschweine und Rotwild. Das angrenzende Waldinformationszentrum bietet spannende und lehrreiche Informationen. Das Gelände ist jederzeit und kostenfrei zugänglich. Der Weg dorthin ist an der B7 bei Warburg ausgeschildert. Wisentgehege Scherfede, Tel. 052 59/986 50.

16

7 km

B252

Bei Scherfede-West über den Zubringer rechts auf die B252 fahren und 7 km Richtung Diemelstadt.

Strecke: Bundesstraße an Feldern und Wiesen vorbei.

Der Scherfeder Wald.

ROUTE 10 — Sauerland – Burgen, Bisons, Baumalleen

17
10 km
L3081

18
10 km
L3080

Nach der Ortsumfahrung Diemelstadt über den Zubringer links auf die L3081, 10 km bis Volkmarsen.

Strecke: Landstraße zwischen Äckern und Fluren.

In der Ortsmitte von Volkmarsen rechts, 10 km auf der L3080 nach Bad Arolsen und durch den Ort.

Strecke: Leicht geschwunge, gut ausgebaute Landstraße – am Twistesee vorbei.

Info: Die 1979 fertiggestellte Talsperre Twistestausee ist ein Dorado für Angler, Wanderer, Naturfreunde, Lauf- und Wassersportler. Im Strandbad kann man entspannen oder die Seele bei einer Bootsfahrt baumeln lassen (www.twistesee-info.de).

Restaurant-Tipp: Fast wie ein Ufo oder eine gigantische Boje ragt es aus dem Wasser: Das Restaurant-Café im Twistesee bietet hausgemachten Kuchen, frische Waffeln sowie kalte und warme Gerichte. Restaurant-Café im See, 34454 Bad Arolsen-Wetterburg, Tel. 056 91/76 11.

19

10 km

B252
L3118

⌐ ⌐ In Bad Arolsen links auf die B252 und 10 km (links halten, L3118) bis Nieder-Waroldern fahren.

Info: Das barocke Residenzschloss in Bad Arolsen ist ein echtes Prunkstück. Es wird von der fürstlichen Familie bewohnt, jedoch sind Teile des mondänen Bauwerks im Rahmen einer Führung zu besichtigen. Sinnvoll ist eine vorherige Anmeldung.

Stiftung des Fürstlichen Hauses Waldeck und Pyrmont, Schlossstraße 27, 34454 Bad Arolsen, Tel. 056 91/89 55 26, www.schloss-arolsen.de

Hotel-Tipp: Das »Welcome Hotel« Bad Arolsen verfügt über ein umfangreiches Service-, Gastronomie- und Freizeitangebot.

Welcome Hotel Bad Arolsen, Königin-Emma-Straße 10, 34454 Bad Arolsen, Tel. 056 91/80 80, www.welcome-hotel-badarolsen.de €€

Restaurant-Tipp: Gemütlich feiern und essen kann man im Brauhaus im Zentrum von Bad Arolsen. Das Schlemmerlokal bietet biertypische Speisen und leckere Pfannengerichte.

Zum Hofbrauhaus, Kaulbachstraße 33, 34454 Bad Arolsen, Tel. 056 91/20 28, www.brauhaus-hotel.de

Event-Tipp: Schlosskonzerte, der Ostermarkt, die Barock-Festspiele, Stadtführungen, Kram- und Viehmarkt: Bad Arolsen ist bekannt für sein hochwertiges und abwechslungsreiches Veranstaltungsprogramm (www.bad-arolsen.de).

Das barocke Residenzschloss in Bad Arolsen.

ROUTE 10

20

9 km

L3083

21

5 km

B252

22

11 km

L3076

In Nieder-Waroldern von der Bundesstraße rechts abfahren und 9 km auf der L3083 bis nach Korbach.

Vor Korbach rechts auf die B252 und 5 km auf der Stadtumfahrung bis zum Abzweig der L3076.

Info: Sehenswert ist die über 1 000 Jahre alte Hansestadt Korbach und ihre historische Innenstadt. Hier finden sich auch überall Spuren des Goldbergbaus, der einst am Korbacher Eisenberg boomte.

Hotel-Tipp: Garage, Trockenraum, Tourentipps und auf Wunsch einen Tourguide gibt es im Korbacher Hotel »Goldflair« am Rathaus. Hotel Goldflair am Rathaus, Stechbahn 8, 34497 Korbach, Tel. 056 31/500 90, www.hotel-goldflair.de €€

Im Industriegebiet Nord rechts auf die L3076 und der Straße 11 km nach Adorf folgen.

Info: Einblick in den harten Alltag der Kumpels, die hier einst unter Tage schufteten, gewährt das interessante Besucherbergwerk Grube Christiane bei Adorf. www.grube-christiane.de, Tel. 056 33/59 55.

Bergarbeiter-Denkmal in Adorf.

23
7 km
L3076
L716

In Adorf geradeaus, weiterhin auf der L3076, dann auf der L716, 6,5 km bis Padberg.

24
2 km
L716

In Padberg rechts auf die L716 und 2 km bis Bredelar zur Einmündung in die L870.

Strecke: Schöne Abfahrt hinab ins Tal der Diemel.

25
13 km
L870

Jetzt scharf links auf die L870, 13 km über Bering- und Messinghausen bis Hoppecke fahren.

26
10 km
L913
K60
K58

Kurz hinter Hoppecke scharf rechts abbiegen und 10 km auf der L913, K60 und K58 bis Alme.

Strecke: Fahrt über die Briloner Hochfläche.

ROUTE 10

27

18 km

B480
B516

Bei Niederalme links auf die B480 und 18 km auf der gleichen Strecke – bei Wülfte auf der B516 – zurück zum Ausgangspunkt Rüthen fahren.

Ⓔ *Strecke:* *Schnelle Kurven und heftige Schräglagen als Finale.*

Rüthen aus der Vogelperspektive.

Heimatkunde

Wiehl, Wermelskirchen, Gummersbach

11

ROUTE 11

(A) **Ausgangsort**
Wiehl (51674)

(E) **Zielort**
Engelskirchen (51766)

 136 km  ★★★  ★★★★

Straßentypen (in Prozent der Streckenlänge)

75	25

■ Landstraße/asphaltierte Nebenstraße
■ Bundesstraße/Schnellstraße

Diese Tour können Sie mit Route 15 kombinieren.

ℹ️ **Naturpark Bergisches Land**
Moltkestraße 34
D–51643 Gummersbach
Tel. 022 61/88 69 09
info@bergischesland.de
www.naturparkbergischesland.de

(→ *weitere Adressen siehe Seite 188*)

Das Bergische Land ist wegen seiner anspruchsvollen Motorradstrecken bei vielen Bikern sehr beliebt. Weniger versierte Fahrer sollten sie ruhig angehen. Abseits der großen Bundesstraßen kann man Fahrt und Natur uneingeschränkt genießen. Hinterher trifft man sich an der Bergischen Kaffeetafel: Rosinenblatz, Rübenkraut, Butter, Schinken, Kuchen – dazu starken Bohnenkaffee aus der »Dröppelmina«, dem bergischen Samowar.

ROUTE 11

Tour-Stationen auf einen Blick

Tourlänge: 136 km

Nr.	Ort	PLZ	GPS-Koordinaten
Ⓐ	A4 Abfahrt 25	-	N 50 58.334 E 07 31.501
2	Wiehl	D-51674	N 50 56.725 E 07 32.940
3	Brüchermühle	D-51580	N 50 55.584 E 07 37.813
4	Waldbröl	D-51545	N 50 53.585 E 07 38.009
5	Altennümbrecht	D-51588	N 50 53.493 E 07 32.053
6	Bruchhausen	D-51545	N 50 52.778 E 07 27.663
7	Marienfeld	D-53804	N 50 53.004 E 07 26.432
8	Much	D-53804	N 50 54.323 E 07 24.554
9	Overath	D-51491	N 50 56.263 E 07 17.490
10	Vilkerath	D-51491	N 50 57.696 E 07 19.199

Nr.	Ort	PLZ	GPS-Koordinaten
11	Hohkeppel	D-51789	N 50 58.828 E 07 18.564
12	Hommerich	D-51789	N 51 00.502 E 07 16.958
13	Eichhof	D-51515	N 51 01.649 E 07 15.821
14	Kürten	D-51515	N 51 03.191 E 07 16.054
15	Habenichts	D-42929	N 51 07.313 E 07 14.898
16	Hückeswagen	D-42499	N 51 09.106 E 07 20.462
17	Wipperfürth	D-51688	N 51 07.110 E 07 23.449
18	Ohl	D-51688	N 51 06.659 E 07 29.234
19	Marienheide	D-51709	N 51 04.999 E 07 31.847
Ⓔ	A4 Abfahrt 23	-	N 50 58.974 E 07 25.844

Die Übersicht ist fortlaufend nummeriert und enthält neben den Etappenpunkten zur Orientierung ggf. weitere Orte entlang der Route; Referenzsystem der GPS-Koordinaten: WGS84

1

5 km

L305
L336

Von der A4, Ausfahrt Gummersbach, 5 km auf der L305 und L336 in Richtung Wiehl fahren.

Info: Die Tropfsteinhöhle Wiehl liegt circa einen Kilometer südlich der Stadt bei Pfaffenberg. Sie wurde im Jahr 1860 in einem Steinbruch entdeckt. Der Abstieg in die Höhle lohnt sich und führt in eine faszinierende Traumlandschaft. Hier freut sich der Biker über seine Lederkluft, denn die Innentemperatur macht gleichbleibend nur rund acht Grad Celsius aus. Schlanke Stalaktiten und etwas plump wirkende Stalagmiten bestimmen eine Formenvielfalt der steinernen Gebilde, die der Fantasie des Besuchers reichliche Anregung gibt. Die Führung durch die Höhle dauert rund 30 Minuten.

Tropfsteinhöhle Wiehl, im Sommer Mo–Fr 9–17, Sa+So 10–17 Uhr; im Winterhalbjahr nur Sa–So, www.akkh.de/wiehlerhoehle.html

Event-Tipp: Eine Stadt im Swingfieber: An neun Tagen im Mai werden jedes Jahr die Wiehler Jazztage veranstaltet, die viele Musikbegeisterte aus der ganzen Region in den Ort und Lokalmatadore wie international bekannte Jazzmusiker auf die Bühnen des Festivals locken.

Auskunft: Tel. 022 62/992 10, www.wiehl.de

2
7 km
L336

In Wiehl geradeaus auf der L336 – über Kreisel und Fluss – und 7 km in Richtung Waldbröl bis zum Kreisverkehr an der Einmündung der B256.

3
9,5 km
B256

Weiter geradeaus 9,5 km auf der B256 bis Waldbröl – in den Ort fahren.

Event-Tipp: Seit 1851 wird alle zwei Wochen immer donnerstags in Waldbröl der traditionelle Vieh- und Krammarkt abgehalten.

Stadtverwaltung Waldbröl, Nümbrechter Straße 21, 51545 Waldbröl, Tel. 022 91/851 96, www.waldbroel.de

4
7,5 km
–
L38

In Waldbröl rechts auf die Friedenstraße und 500 m über den Kreisel zur L38 (Homburger Straße). Jetzt links und 7 km geradeaus bis Altennümbrecht.

Strecke: Wald und Weidelandschaft sorgen für frische Luft unterm Visier.

5
13 km
L38

Auf Höhe Altennümbrecht geradeaus und 13 km – weiter auf der L38 – bis Bruchhausen.

Tipp: Nümbrecht

Info: In den Räumlichkeiten des nördlich von Nümbrecht gelegenen Schlosses Homburg befindet sich das moderne kulturhistorische Museum des Oberbergischen Kreises. Präsentiert werden Rüstungen, alte Waffen und Jagdgeräte sowie Münzen, Karten und Wohneinrichtungen – Thema ist aber auch der ökologische Wandel der oberbergischen Flora und Fauna.

Schloss Homburg, 51588 Nümbrecht, Tel. 022 93/91 01 16, www.schloss-homburg.de, Di–Sa 10–17 Uhr, So 10–18 Uhr, Nov.–März geschlossen.

Restaurant- und Hotel-Tipp: Das Gasthaus Zur alten Post in Nümbrecht bietet neben Hotelzimmern auch die berühmte Bergische Kaffeetafel an.

Zur alten Post, Humperdinckstraße 6, 51588 Nümbrecht, Tel. 022 93/911 80 www.hotelzuraltenpost.com

6

2,5 km

L350

–

In Bruchhausen rechts auf die L350, nach 500 m links und – vorbei an Marienfeld – 2 km auf kleiner Straße bis zur Einmündung auf die L312.

7

3,5 km

L312

Jetzt rechts auf die L312 und 3,5 km bis Much.

Strecke: Winzige, schön zu fahrende Landstraßen.

8

12 km

L312

In Much immer geradeaus auf der L312 bleiben, der Landstraße 12 km bis Overath folgen.

Strecke: Fahrt durch einen weniger bekannten und weniger frequierten Teil des Bergischen Landes.

9

3,5 km

B55

Bei Overath rechts auf die B55, 3,5 km bis Vilkerath.

10

2,5 km

K37

In Vilkerath links abbiegen und 2,5 km auf der K37 bis nach Hohkeppel fahren.

Strecke: Von Vilkerath bis nach Kürten eine wahre Motorradidylle.

Bergische Landschaft bei Vilkerath.

ROUTE 11

11
4,5 km
L84

12
4 km
L304

13
3 km
L286

In Hohkeppel rechts auf die L84 und gleich wieder links, 4,5 km über Ebbinghausen bis Hommerich.

Strecke: Auf schmalen Straßen zwischen Wäldern, Wiesen und über sanfte Hügel.

In Hommerich geradeaus auf die L304, der Straße 4 km über Hausgrund bis nach Eichhof folgen.

In Eichhof rechts, 3 km auf der L286 nach Kürten.

Restaurant- und Hotel-Tipp: Das Landhaus Fuchs in Kürten erfreut sich großer Beliebtheit bei Motorradfahrern. Ein Trockenraum und Unterstellmöglichkeiten für Zweiräder sind vorhanden.
Landhaus Fuchs, Unterbersten 27, 51515 Kürten-Unterbersten, Tel. 022 68/72 86, www.landhaus-fuchs.com €€

Event-Tipp: Nicht jedermanns Sache, aber für Freunde experimenteller E-Musik ein Muss: Karlheinz Stockhausen, der renommierte Komponist zeitgenössischer Musik, wird einmal jährlich im Juli von seiner Heimatgemeinde Kürten mit Aufführungen seiner Werke geehrt.
Auskünfte unter www.stockhausen.org

14

2,5 km

L161

 Am Ortsende Kürten die zweite Abzweigung links, 2,5 km auf der L161 bis zum Weiler Dörnchen.

Strecke: Die Große Dhünntalsperre rückt ins Bild.

15

10 km

L409

Jetzt rechts, nach 1 km links auf die L409 und 9 km in Richtung Wermelskirchen bis Habenichts.

Strecke: Schneller Ritt durch den Naturpark Bergisches Land auf gut ausgebauten Straßen.

16

8 km

L101

B237

In Habenichts im Kreisel die 1. Ausfahrt auf die (L101/B237) nehmen und 8 km bis Hückeswagen.

Strecke: Gemütliches Cruisen durch abwechslungsreiche Landschaft.

17

7,5 km

B237

In Hückeswagen rechts, weiter der B237 folgen, bis Wipperfürth sind es 7,5 km.

Strecke: Die Bundesstraße verbindet zwei Orte, mehr nicht.

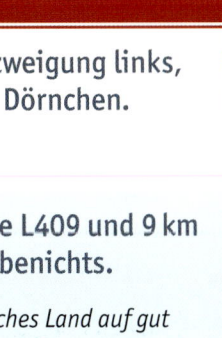

Natur links und rechts der Route:
Wild auf der Margarethenhöhe bei Kürten.

18

7 km

B237

In Wipperfürth links und gleich wieder rechts, 7 km weiter auf der B237 immer geradeaus bis Ohl.

Restaurant- und Hotel-Tipp: Haus Koppelberg in Wipperfürth ist ein familiäres Hotel für Einzelfahrer und Gruppen mit Unterstellplatz und Trockenraum. Im eigenen Park gibt es einen großen Biergarten!
Hotel Haus Koppelberg, Wasserfuhr 7, 51688 Wipperfürth, Tel. 022 67/50 51, www.hotel-koppelberg.de €€

19

5 km

B256

In Ohl geradeaus auf die B256 und 5 km bis nach Marienheide fahren.

Strecke: Schnellspurt auf gut ausgebauter Bundesstraße.

20

18 km

L97

L302

In Marienheide rechts auf die L97 und 18 km – später auf der L302 – über Jedinghagen und Kaiserau nach Engelskirchen, dort Anschluss an die A4.

Strecke: Herrliches Motorradwandern durch das weitgehend unberührte Tal der Leppe.

Ⓔ

Verkehrsschilder mal anders.

Hier kleiden sich die Häuser schiefergrau.

Bei den Grafen von Berg

Burscheid, Wuppertal, Remscheid

ROUTE 12

Bergisches Land – Bei den Grafen von Berg

(A) **Ausgangsort**
Burscheid (51399)

(E) **Zielort**
Burscheid (51399)

 97 km

 ★★

 ★★★

Straßentypen (in Prozent der Streckenlänge)

50	50

■ Landstraße/asphaltierte Nebenstraße
■ Bundesstraße/Schnellstraße

Diese Tour können Sie mit Route 13 und 14 kombinieren.

i Regionalbüro Bergisches Städtedreieck
Gemarker Ufer 17
D-42275 Wuppertal
Tel. 02 02/563 59 46
regionalbuero@bergisches-staedtedreieck.de
www.bergisches-staedtedreieck.de

(→ *weitere Adressen siehe Seite 188*)

Im Norden des Bergischen Landes liegen nicht nur große Städte. Burscheid, Witzhelden, Leichlingen und Gräfrath warten mit ihrem unvergleichlichen bergischen Charme auf. Zwischen grünen Fensterläden, schwarzem Schiefer und dunkelgrauem Kopfsteinpflaster genießen Tourenfahrer erlesene Motorradfreuden und typische bergische Spezialitäten.

ROUTE 12

Tour-Stationen auf einen Blick

Tourlänge: 97 km

Nr.	Ort	PLZ	GPS-Koordinaten
(A)	Burscheid	D-51399	N 51 05.104 E 07 06.801
2	Witzhelden	D-42799	N 51 06.934 E 07 06.603
3	Leichlingen	D-42799	N 51 06.365 E 07 00.857
4	Herscheid	D-42799	N 51 07.350 E 07 06.077
5	Solingen	D-42651	N 51 10.046 E 07 05.262
6	Gräfrath	D-42653	N 51 12.470 E 07 04.118
7	Hochdahl	D-40699	N 51 12.919 E 06 57.151
8	Nenninghoven	D-40822	N 51 14.089 E 06 58.140
9	Potherbruch	D-40822	N 51 13.987 E 06 59.855
10	Gruiten	D-42781	N 51 13.607 E 07 00.715

Nr.	Ort	PLZ	GPS-Koordinaten
11	Vohwinkel	D-42327	N 51 14.106 E 07 04.110
12	Solingen	D-42651	N 51 09.951 E 07 05.385
13	Remscheid	D-42853	N 51 10.864 E 07 10.683
14	Remscheid-Lennep	D-42897	N 51 10.943 E 07 15.236
15	Wermelskirchen	D-42929	N 51 08.513 E 07 12.755
(E)	Burscheid	D-51399	N 51 05.104 E 07 06.801

Die Übersicht ist fortlaufend nummeriert und enthält neben den Etappenpunkten zur Orientierung ggf. weitere Orte entlang der Route; Referenzsystem der GPS-Koordinaten: WGS84

1
4,5 km
L359

Von Burscheid 4,5 km auf der L359 bis nach Witzhelden fahren.

Info: Das Höhendorf Witzhelden im nördlichen Teil des Bergischen Landes ist ein echtes Idyll. Hier scheint die Zeit stehen geblieben zu sein: schmale, kopfsteingepflasterte Gassen, schwarz-weiß glänzende, mit Schiefer gedeckte Fachwerkhäuser. Vor allem der denkmalgeschütze Marktplatz lädt zum Verweilen ein – eine Tasse Kaffee auf einer der Terrassen ist fast schon Pflicht (www.witzhelden-web.de).

Restaurant- und Hotel-Tipp: Nicht direkt an der Route gelegen, aber der Abstecher Richtung Kürten lohnt sich: Das Landhaus Fuchs bietet sichere, überdachte Parkmöglichkeiten für Zweiräder sowie Trockenräume für Kleidung. Es gibt günstigere Gruppentarife.

Landhaus Fuchs, Unterbersten 27, 51515 Kürten-Unterbersten, Tel. 022 68/72 86, www.landhaus-fuchs.com €€

2
7 km
L294

In Witzhelden links und 7 km über die L294 bis nach Leichlingen.

Strecke: *Landschaftlich schöne Höhenstrecke mit spannenden Kurven und weiten Ausblicken.*

Typisch bergisch: der denkmalgeschützte Marktplatz in Witzhelden.

ROUTE 12 — Bergisches Land – Bei den Grafen von Berg

3
9 km
L359

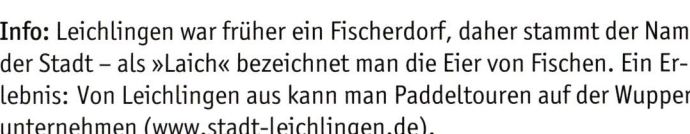

Im Kreisel vor Leichlingen über die 1. Ausfahrt auf die L359 und in die Stadt, nach 1 km wieder rechts und 8 km – weiter auf der L359 – bis Herscheid.

Info: Leichlingen war früher ein Fischerdorf, daher stammt der Name der Stadt – als »Laich« bezeichnet man die Eier von Fischen. Ein Erlebnis: Von Leichlingen aus kann man Paddeltouren auf der Wupper unternehmen (www.stadt-leichlingen.de).

Restaurant- und Hotel-Tipp: Das Romantik Hotel Gravenberg im benachbarten Städtchen Langenfeld glänzt mit Badelandschaft, Sauna und Vitalgarten. Speisen kann man im exklusiven, holzvertäfelten Restaurant. Im Gewölbekeller gibt es eine Weinstube.
Romantik-Hotel Gravenberg, Elberfelder Straße 45, 40764 Langenfeld, Tel. 021 73/922 00, www.gravenberg.de €€€

4
8 km
L427

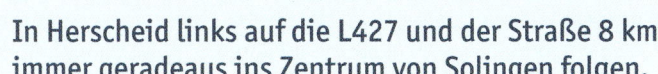

In Herscheid links auf die L427 und der Straße 8 km immer geradeaus ins Zentrum von Solingen folgen.

Strecke: *Die kurvenreiche Strecke kreuzt die Wupper.*

Restaurant-Tipp: Die Solinger Adresse für alle Motorsportfreunde: das Café Hubraum. Samstag und Sonntag Bikerfrühstück.
Kohlfurther Straße 30-32, 42651 Solingen, Tel. 02 12/53 08 93, www.cafehubraum.com

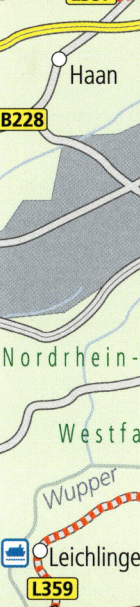
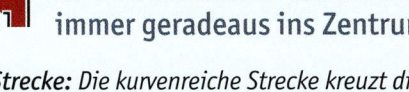

5

5 km

B224

In Solingen geradeaus auf die Goerdelerstraße (B224) und 5 km Richtung Wuppertal bis Gräfrath.

Info: Solingen ist nicht nur Klingen-, sondern auch Museumsstadt: Das Industriemuseum widmet sich der Herstellung von Scheren und der Industriegeschichte Solingens. Das Deutsche Klingenmuseum in Gräfrath lockt mit der Arrenbergschen Zinngießerei, das Museum Baden mit seiner bedeutenden Kunstsammlung und das Laurel & Hardy-Museum mit vielen Exponaten zum legendären Duo »Dick & Doof«.

Rheinisches Industriemuseum, Merscheider Straße 289–297, 42699 Solingen, Tel. 022 34/992 15 55, www.industriemuseum.lvr.de

Deutsches Klingenmuseum, Klosterhof 4, 42653 Solingen, Tel. 02 12/25 83 60.

Museum Baden, Wuppertaler Straße 160, 42653 Solingen-Gräfrath, Tel. 02 12/25 81 40, www.museum-baden.de

Laurel & Hardy-Museum, Locher Straße 17, 42719 Solingen, Tel. 02 12/81 61 09, www.laurel-hardy-museum.de

6

9 km

L357

In Gräfrath links auf die L357 Richtung Erkrath und 9 km bis Erkrath-Hochdahl fahren.

Info: Gräfrath mit seinen Gassen, Fachwerkhäusern und einladenden Wirtschaften ist bergische Romantik pur und lohnt einen Stopp.

A Wuppertal

Info: Das Wahrzeichen der Stadt ist ihre berühmte, im Jahr 1901 in Betrieb genommene Schwebebahn. Eine Fahrt mit tollen Einblicken in und Ausblicken über die Stadt sollte man sich nicht entgehen lassen.
www.wuppertaler-schwebebahn.de

Sehenswürdigkeiten der »Großstadt im Grünen« sind zudem das Briller Villenviertel, die klassizistische Laurentiuskirche und die Sammlung des Von der Heydt-Museums. Als einer der schönsten Zoos in Deutschland gilt übrigens der Wuppertaler Zoo – er bietet über 5 000 Tieren ein Zuhause.

Zoologischer Garten Wuppertal, Hubertusallee 30, 42117 Wuppertal, Tel. 02 02/563 56 66, www.zoo-wuppertal.de

ROUTE 12

7

4,5 km

L403

 In Hochdahl rechts auf die L403 und 4,5 km Richtung Mettmann/Neandertal.

Strecke: Fahrt durch das schöne Neandertal.

TOP TIPP **Info:** Hier wurde er 1856 von Steinbrucharbeitern entdeckt: der heute sprichwörtliche »Neandertaler«. Das an der Fundstelle zwischen Erkrath und Wuppertal eröffnete Neanderthalmuseum gibt spannende Antworten auf Fragen rund um die Entwicklungsgeschichte des Menschen. Bestaunt werden kann auch die berühmte, lächelnde Rekonstruktion unseres ausgestorbenen Artverwandten. Neanderthal Museum, Talstraße 300, 40822 Mettmann, Tel. 021 04/97 97 15, www.neanderthal.de, Di–So 10–18 Uhr.

Restaurant- und Event-Tipp: Tolle Atmosphäre und leckeres Essen erwarten Biker im Café Schräglage. Mettmanner Straße 20, 40699 Erkrath, Tel. 02 11/210 28 24, www.cafe-schraeglage.de

8

3 km

K18

Bei Nenninghorfen links über den Zubringer auf die K18 Richtung Wuppertal, 3 km bis Potherbruch.

9

1,5 km

L423

 Jetzt rechts auf die L423 und 1,5 km bis Gruiten.

Das Café Schräglage ist ein angesagter Biker-Treffpunkt zwischen Erkrath und Neandertal.

10
4,5 km
K20

11
8,5 km
B224

12
9 km
B229

Bei Gruiten links auf die K20, der Straße 4,5 km bis Vohwinkel-Osterholz folgen.

Strecke: Straße führt durch ein gigantisches Kalkabbaugebiet.

In Osterholz rechts auf die B224, am Bahnhof vorbei und 8,5 km zurück nach Solingen.

Strecke: Auf bereits bekannter Strecke zurück in die »Klingenstadt«.

Im Zentrum Solingen links auf die B229 wechseln, dann 9 km bis nach Remscheid.

Strecke: Interessante, kurvenreiche Strecke. Überquerung der Wupper.

Info: Für einen Abstecher zur Müngstener Brücke einfach kurz vor Überquerung der Wupper von der B229 rechts auf den Müngstener Brückenweg abbiegen. Der 5 000 Tonnen schwere eiserne Brückenbogen beeindruckte bereits Kaiser Wilhelm I. bei seinem Besuch. Mit ihren stolzen 107 Metern ist die 1897 erbaute Eisenbahnbrücke immer noch die höchste Stahlgitterbrücke Deutschlands (www.muengstener-bruecke.de).

107 Meter hoch, 5 000 Tonnen schwer: die Müngstener Brücke.

ROUTE 12

Bergisches Land – Bei den Grafen von Berg

13
6 km
B229

⌐ In Remscheid-Stockden rechts halten und 6 km weiter auf der B229 Richtung Lennep.

14
7,5 km
B51

⌐ Bei Lennep rechts auf die B51, dann 7,5 km bis nach Wermelskirchen fahren.

Strecke: Auf der Bundesstraße durch den Naturpark Bergisches Land.

15
10 km
B51

⌐ In Wermelskirchen auf der B51 bleiben, geradeaus durch den Ort. Bis nach Burscheid, zum Ausgangspunkt der Tour, sind es 10 km.

Event-Tipp: Von April bis Oktober findet jeweils am 3. Sonntag des Monats in Eipringhausen ein Motorradgottesdienst statt. Beginn ist um 10 Uhr. Zur Stärkung gibt es Kaffee und Würstchen.

Ⓔ Informationen unter: http://cvjm-biker.de

A Schloss Burg

Info: Schloss Burg war einst Stammsitz der Grafen und Herzöge von Berg und ist die größte rekonstruierte Burganlage Nordrhein-Westfalens. Sehenswert ist das Museum mit den historischen Räumen. Hinter Wermelskirchen rechts auf die L257 abbiegen, bis Schloss Burg sind es 4 Kilometer.

Schlossplatz 2, 42659 Solingen, Tel. 02 12/242 26 26, www.schlossburg.de

Blick ins Tal von der Aussichtsplattform bei Schloss Burg.

Von Hexen und der Heide

Zwischen Köln und Gummersbach

13

ROUTE 13 — Bergisches Land – Von Hexen und der Heide

(A) Ausgangsort
Burscheid (51399)

(E) Zielort
Köln-Wahnheide (51147)

 105 km    ★★★   ★★★

Straßentypen (in Prozent der Streckenlänge)

70	30

■ Landstraße/asphaltierte Nebenstraße
■ Bundesstraße/Schnellstraße

Diese Tour können Sie mit Route 12 kombinieren.

ℹ Naturpark Bergisches Land
Moltkestraße 34
D–51643 Gummersbach
Tel. 022 61/88 69 09
info@bergischesland.de
www.naturparkbergischesland.de

(→ *weitere Adressen siehe Seite 188*)

Im Herzen des Bergischen Landes, zwischen Köln und Gummersbach, folgt die Bergische Route den Highlights in diesem Teil des rechtsrheinischen Schiefergebirges. Reizvolle und kurvenreiche Etappen führen entlang der Sülz und der Agger zu beschaulichen Dörfern und trutzigen Burgen. In der urigen Wahner Heide vor den Toren Kölns klingt die Tour entspannt aus.

ROUTE 13 Bergisches Land – Von Hexen und der Heide

Tour-Stationen auf einen Blick

Tourlänge: 105 km

Nr.	Ort	PLZ	GPS-Koordinaten
A	Burscheid	D-51399	N 51 04.981 E 07 06.836
2	Blecher	D-51519	N 51 04.041 E 07 07.314
3	Altenberg	D-51519	N 51 03.120 E 07 07.716
4	Odenthal	D-51519	N 51 01.938 E 07 07.044
5	Bergisch Gladbach	D-51465	N 50 59.496 E 07 08.204
6	Dürscheid	D-51515	N 51 00.584 E 07 13.109
7	Eichhof	D-51515	N 51 01.627 E 07 15.850
8	Hommerich	D-51789	N 51 00.491 E 07 16.964
9	Obersteeg	D-51491	N 50 58.207 E 07 15.607
10	Lindlar	D-51491	N 51 01.343 E 07 23.364

Nr.	Ort	PLZ	GPS-Koordinaten
11	Kaiserau/Kuhlbach	D-51789	N 51 02.217 E 07 25.698
12	Jedinghagen	D-51709	N 51 03.285 E 07 30.072
13	Wegscheid	D-51709	N 51 02.781 E 07 30.122
14	Neuremscheid	D-51766	N 51 01.076 E 07 26.484
15	Engelskirchen	D-51766	N 50 59.277 E 07 24.538
16	Overath	D-51491	N 50 55.955 E 07 16.989
17	Lohmar	D-53797	N 50 51.084 E 07 13.399
18	Altenrath	D-53842	N 50 51.468 E 07 11.799
E	Köln-Wahnheide	D-51147	N 50 53.075 E 07 06.274

Die Übersicht ist fortlaufend nummeriert und enthält neben den Etappenpunkten zur Orientierung ggf. weitere Orte entlang der Route; Referenzsystem der GPS-Koordinaten: WGS84

1 Ⓐ
1,5 km
B232

Von Burscheid auf die B232 in Richtung Autobahn und 1,5 km bis zur Einmündung in die B51.

2
1,5 km
B51

Jetzt rechts auf die B51 und 1,5 km in Richtung Leverkusen bis Blecher.

Strecke: Vor den Toren des Naturparks Bergisches Land.

3
2,5 km
L310
🛈

Auf Höhe Blecher links auf die L310 abbiegen und 2,5 km bis nach Altenberg fahren.

Strecke: Serpentinenstrecke nach Altenberg hinab mit berüchtigter, gut frequentierter Schaukurve.

Info: Der imposante Altenberger Dom ist ein Kleinod der gotischen Baukunst. Die turmlose Basilika wurde nach französischem Vorbild von 1259 bis 1379 errichtet und wird seit 1857 sowohl von Katholiken als auch von Protestanten genutzt (www.altenbergerdom.de).

4
2,5 km
L101

In Altenberg rechts auf die L101, dann der Straße 2,5 km bis Odenthal folgen.

Tipp: Odenthal

Info: Zahlreiche Frauen ließen hier auf dem Scheiterhaufen ihr Leben: Die mittelalterliche Geschichte Odenthals ist eng mit der Hexenverfolgung verwoben. Zwischen den schmucken Fachwerkhäusern des Ortes erinnert ein Brunnen in Form eines brodelnden Hexenkessels an diese dunklen Zeiten.
www.odenthal.de

ROUTE 13

5
5 km
L270

In Odenthal im Kreisel auf die L270 (2. Ausfahrt) und 5 km ins Zentrum von Bergisch Gladbach.

Strecke: Genussvolles Eintauchen in den Naturpark.

6
7 km
L286

In Bergisch Gladbach am Krankenhaus links auf die L286 und 7 km bis nach Dürscheid.

Strecke: Schön zu fahrende Nebenstraßen. Es wird immer interessanter!

7
4 km
L286

In Dürscheid links, auf der L286 bleiben und 4 km bis Eichhof fahren.

8
4 km
L304

In Eichhof rechts auf die L304 und der Straße 4 km bis nach Hommerich folgen.

9
7 km
L284

Bei Hommerich rechts auf die L284 und – am Golfplatz entlang – 7 km über Brombach bis Obersteeg.

Strecke: Schöner, kurvenreicher Abschnitt der Bergischen Route.

Erfrischung: der Odenthaler Hexenbrunnen.

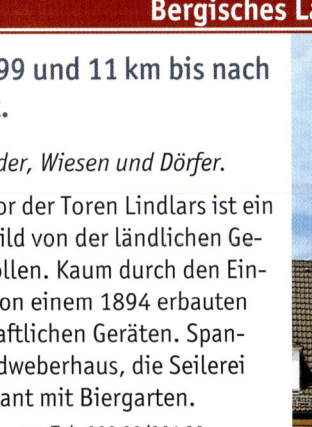

10

11 km

L299

Bei Obersteeg links auf die L299 und 11 km bis nach Lindlar fahren – durch den Ort.

Strecke: Sanft schwingende Fahrt durch Wälder, Wiesen und Dörfer.

TOP TIPP **Info:** Das Bergische Freilichtmuseum vor der Toren Lindlars ist ein Muss für alle, die sich ein lebendiges Bild von der ländlichen Geschichte des Bergischen Landes machen wollen. Kaum durch den Eingang marschiert, ist man schon fasziniert von einem 1894 erbauten Hof mit urigem Stall und alten landwirtschaftlichen Geräten. Spannend sind auch die alte Schmiede, das Bandweberhaus, die Seilerei und das Backhaus. Es gibt auch ein Restaurant mit Biergarten.

Bergisches Freilichtmuseum, 51789 Lindlar-Heiligenhoven, Tel. 022 66/901 00, www.bergisches-freilichtmuseum.lvr.de, Di–So, Mai–Okt. 10–18, Nov.–Feb. 10–16 Uhr.

Gaststätte »Lingenbacher Hof« im Bergischen Freilichtmuseum, 51789 Lindlar-Heiligenhoven, Tel. 022 66/46 42 80.

Event-Tipp: Im Herbst werden rund um Lindlar jedes Jahr die Bergischen Wochen veranstaltet. Unter dem Motto »Bergische Gerichte – bergische Lebensart« stellen sich die Gastwirte der Region mit besonderen Aktivitäten und typischen Spezialitäten vor.

Infos unter Tel. 022 66/83 59 oder www.bergische-wochen.de

Boxenstopp im beschaulichen Lindlar.

ROUTE 13
Bergisches Land – Von Hexen und der Heide

11
3,5 km
K21

Am Ortsende von Lindlar links auf die K21 Richtung Jedinghagen und 3,5 km bis Frielingsdorf.

Strecke: *Die reizvolle Bergische Route erfreut einmal mehr.*

Restaurant- und Hotel-Tipp: Der Landgasthof Bergische Röhn liegt ruhig im Lindlarer Ortsteil Holz und bietet zweckmäßige Zimmer. Im Restaurant-Café gibt es Waffeln, Snacks und bergische Gerichte. Holzer Straße 18, 51789 Lindlar-Holz, Tel. 022 66/83 59, www.bergische-rhoen.de €

12
6,5 km
L302
L97

Kurz vor Kaiserau bei Frielingsdorf rechts auf die L302 und 500 m bis zur nächsten T-Kreuzung – hier links und 6 km der L97 bis Jedinghagen folgen.

Strecke: *Großer Fahrspaß – auch ohne Monsterkurven.*

Info: Schloss Gimborn, einst Mittelpunkt einer Grafschaft und im Laufe der Zeit im Besitz verschiedener Adelsgeschlechter von z. T. überregionaler Bedeutung (so etwa den Schwarzenbergern), liegt nordwestlich von Jedinghagen und ein »Schlenker« lohnt sich. Leider ist das prachtvolle ehemalige Wasserschloss, dessen Ursprünge im 12. Jahrhundert liegen, nur von außen zu besichtigen. Imposant sind die mächtigen, barock bekrönten Ecktürme.

Im alten Schloss Gimborn befindet sich heute eine moderne Tagungsstätte.

13

1 km

L307

In Jedinghagen rechts auf die L307 und 1 km bis nach Wegescheid.

14

5,5 km

L306

In Wegescheid rechts auf die L306 abbiegen und 5,5 km bis nach Neuremscheid fahren.

Strecke: Wieder entspanntes Motorradwandern auf die bergische Art.

15

4 km

L302

L306

Jetzt weiter geradeaus auf der L306/L302 und 4 km Richtung Engelskirchen.

Info: Ohne Tropfsteine, aber trotzdem eindrucksvoll: Die Aggertal- höhle bei Engelskirchen ist mit 1 071 Metern Gesamtlänge die längste Höhle des Rheinlands. Mit etwas Glück kann man Fledermäuse sehen! Aggertalhöhle, 51766 Engelskirchen-Ründeroth, Tel. 022 63/707 02, www.aggertalhoehle.de, Do–So 10–17 Uhr (15. März bis 1. Nov.).

16

14 km

B55

In Engelskirchen rechts auf die B55 auffahren, dann 14 km bis Overath und in die Stadt.

Strecke: Schöne Strecke entlang der Agger.

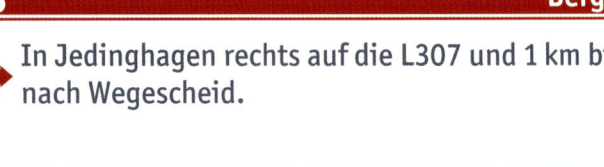

Inmitten des romantischen Aggertals, knapp 5 km östlich von Engelskirchen, liegt Ründeroth.

ROUTE 13 — Bergisches Land – Von Hexen und der Heide

17
13,5 km
B484

In Overath links auf die Siegburger Straße (B484), dann geradeaus 13,5 km bis nach Lohmar fahren.

Strecke: Auf der schnellen, aber nie langweiligen B484 – weiterhin begleitet vom Flüsschen Agger.

18
11 km
L288
L84

Vor Lohmar rechts auf die L288, dann links auf die L84. Zur Autobahnauffahrt Flughafen sind es 11 km.

Strecke: Auf kleiner, schmaler Straße durch das abwechslungsreiche Landschaftsschutzgebiet Wahner Heide in unmittelbarer Nähe des Köln–Bonner Flughafens.

Info: Das letzte Highlight der Tour ist die Wahner Heide. Im Naturschutzgebiet lohnt sich auf jeden Fall ein Stopp – natürlich mit Spaziergang in die einsame, sandige Landschaft. Zwischen duftendem Heidekraut lässt es sich prima picknicken oder man beobachtet einfach nur die startenden Flugzeuge. Das Infozentrum Wahner Heide bietet Veranstaltungen rund um das Gebiet an, etwa Moor- und Nachtexkursionen sowie weitere interessante Aktivitäten.

Infos unter Tel. 02 21/739 28 71 und www.wahner-heide.com

Sonnenblumen leuchten am Wegesrand.

Rund ums Nass

Die Talsperrentour

14

ROUTE 14

Ⓐ Ausgangsort
Ennepetal (58256)

Ⓔ Zielort
Lennep (42897)

 83 km    ★★★   ★★

Straßentypen (in Prozent der Streckenlänge)

50	50

■ Landstraße/asphaltierte Nebenstraße
■ Bundesstraße/Schnellstraße

Diese Tour können Sie mit Route 12 kombinieren.

ℹ Stadt Ennepetal
Bismarckstraße 21
D–58256 Ennepetal
Tel. 023 33/97 91 96
stadt@ennepetal.de
www.ennepe-ruhr-tourismus.de

(➜ *weitere Adressen siehe Seite 188*)

Die Ennepetalsperre ist der Einstieg in eine Tour durch das Land des Wassers. Gespeist von den Bächen des Bergischen Landes, laden Kerspetalsperre, Neye- und Bevertalsperre, Lingese-und Wuppertalsperre zum Cruisen zwischen glitzernden Wasserflächen ein. An den Staumauern treffen sich Motorradfahrer zum Fachsimpeln rund um die Themen Bike und Benzin. Und baden darf man natürlich auch.

ROUTE 14

Tour-Stationen auf einen Blick

Tourlänge: 83 km

Nr.	Ort	PLZ	GPS-Koordinaten
Ⓐ	Ennepetal	D-58256	N 51 17.915 E 07 21.777
2	Altenbreckerfeld	D-58339	N 51 14.622 E 07 27.950
3	Halver	D-58553	N 51 11.354 E 07 30.358
4	Kierspe	D-58566	N 51 07.440 E 07 36.128
5	Ohl	D-51766	N 51 06.662 E 07 29.232
6	Marienheide	D-51709	N 51 05.004 E 07 31.667
7	Dohrgaul	D-51688	N 51 05.944 E 07 26.530
8	Niedergaul	D-51688	N 51 06.453 E 07 24.548
9	Wipperfürth	D-51688	N 51 07.069 E 07 23.911
10	Hückeswagen	D-42499	N 51 09.125 E 07 20.445

Nr.	Ort	PLZ	GPS-Koordinaten
11	Radevormwald	D-42477	N 51 11.795 E 07 22.857
Ⓔ	Lennep	D-42897	N 51 11.457 E 07 15.416

Die Übersicht ist fortlaufend nummeriert und enthält neben den Etappenpunkten zur Orientierung ggf. weitere Orte entlang der Route; Referenzsystem der GPS-Koordinaten: WGS84

1

14,5 km

L699

Ennepetal auf der L669 in südöstlicher Richtung verlassen und 14,5 km bis Altenbreckerfeld fahren.

Strecke: *Sehr schöne, kernige und kurvenreiche Strecke entlang der Ennepe und an der Ennepetalsperre vorbei.*

Info: Die in Ennepetal gelegene Kluterthöhle entstand vor ca. 370 Millionen Jahren und ist eine der größten natürlichen Höhlen Deutschlands. Es werden normale Führungen und Abenteuertouren mit Stirnlampen durch schmale, unbeleuchtete Gänge angeboten.

Kluterthöhle, Gasstraße 10, 58256 Ennepetal, Tel. 02333/98800, www.kluterthoehle.de

2

7 km

L528

Kurz nach Altenbreckerfeld rechts auf die L528 und 7 km Richtung Halver.

Strecke: *Die Straße schwingt durch eine herrlich grüne Hügellandschaft.*

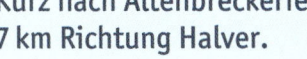 **Info:** In Breckerfeld (direkt an der L528) lohnt sich ein Besuch im malerischen Mühlenhof-Museum mit historischen Gebäuden und einer riesigen Windmühle. Es gibt auch Kaffee und Kuchen, regionale Schinken- und Wurstspezialitäten sowie feines, naturbelassenes Brot.

Mühlenhof Breckerfeld, Schützenstraße 33, 58339 Breckerfeld, Tel. 02338/379805, www.muehlenhof-breckerfeld.de

Das Mühlenhof-Museum in Breckerfeld.

ROUTE 14

3

12 km

L528

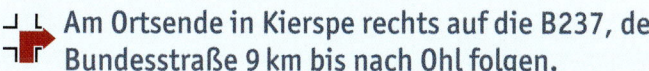

Am Ortseingang in Halver links und weiter der L528 folgen, 12 km bis Kierspe – durch den Ort.

Strecke: Am Collenberg hinter Halver schöne Aussicht.

Event-Tipp: Im Sommer stürzen sich die »Grassboarder« auf ihren bereiften Brettern den Collenberg hinab. Es gibt einen Schlepplift; Gäste können sich ein Board leihen und den Sport gegen Gebühr ausprobieren. Reservierung empfohlen (www.winniturner.de).

4

9 km

B237

Am Ortsende in Kierspe rechts auf die B237, der Bundesstraße 9 km bis nach Ohl folgen.

Strecke: Von hier ist ein Abstecher zur Kerspetalsperre möglich.

5

5 km

B256

In Ohl links auf die B256, 5 km nach Marienheide.

Strecke: Bundesstraße mit schönen, langgezogenen Kurven.

6

7 km

K18

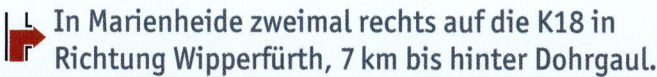

In Marienheide zweimal rechts auf die K18 in Richtung Wipperfürth, 7 km bis hinter Dohrgaul.

Strecke: Gewundene Nebenstrecken entlang der Bergischen Route.

A Lingesetalsperre

Info: Sie wurde 1897–99 erbaut und zählt zu den ältesten Stauseen im Bergischen Land. Der überschaubare See dient heute in erster Linie als Naherholungsgebiet, an dem mehrere Campingplätze liegen. Zwischen Ohl und Marienheide zweigt die Zufahrt zur Talsperre von der B256 ab.

7

3 km

L302

Hinter Dohrgaul rechts auf die L302 und 3 km bis Niedergaul.

Restaurant- und Hotel-Tipp: Der kleine, am Waldrand gelegene Landgasthof Tönnes in Niedergaul bietet vier Zweibett- und vier Einzelzimmer, Trockenräume, Garagenstellplätze mit Werkzeug, einen Biergarten, einen Grillplatz – und natürlich auch leckeres Essen.

Landgasthof Tönnes, Niedergaul 4, 51688 Wipperfürth-Niedergaul, Tel. 022 67/881 30, www.landgasthof-toennes.de €€

8

2 km

L284

Am Ortsende rechts auf die L284 und 2 km bis nach Wipperfürth – in die Stadt.

Restaurant- und Hotel-Tipp: Zwischen Wipperfürth und Kupferberg liegt das Hotel Koppelberg. Das bikerfreundliche Haus hat Unterstellplätze und einen Trockenraum. Im Sommer kann man draußen grillen, zudem gibt es einen großen Biergarten im eigenen Park.

Hotel Haus Koppelberg, Wasserfuhr 7, 51688 Wipperfürth-Wasserfuhr, Tel. 022 67/50 51, www.hotel-koppelberg.de €€

9

7 km

B237

Jetzt links über die Untere Straße und Hochstraße auf die B237, dann 7 km bis nach Hückeswagen.

A Bevertalsperre

Info: Rudern, Segeln, Motorbootfahren, Tauchen, Schwimmen: Die Bevertalsperre ist das perfekte Revier für Wassersportler und Wasserratten. An der Staumauer treffen sich auch viele Motorradfahrer auf einen Plausch – und um den schönen Blick zu genießen. Von Hückeswagen fährt man am besten nach Käfernberg ans Ufer.

Restaurant- und Hotel-Tipp: Das Strandcafé Kürten in Käfernberg ist ein ruhiges Hotel-Restaurant direkt am See. Die Zimmer sind gemütlich – einige mit Blick aufs Wasser. Auf der Speisekarte steht Gutbürgerliches, zudem gibt es Saisonspezialitäten sowie die original Bergische Kaffeetafel.

Hotel-Strandcafé Kürten, Wefelsen 4, 42499 Hückeswagen, Tel. 021 92/66 00, www.strandcafe-kuerten.de €€

ROUTE 14

10

6,5 km

B483

 In Hückeswagen am Bahnhof rechts auf die B483 und 6,5 km bis nach Radevormwald fahren.

Info: In Radevormwald betreibt der Heimat- und Verkehrsverein das interessante Heimatmuseum, das auch eine Ausstellung über die einst in Radevormwald produzierten Motorräder der Marke Bismarck zeigt.

Heimatmuseum Radevormwald, Hohenfuhrstraße 8, 42477 Radevormwald, Tel. 021 95/27 75, So 14.30–17 Uhr.

11

10 km

B229

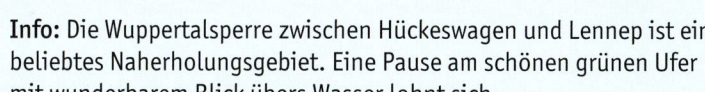 Im Kreisel am Ortseingang von Radevormwald auf die B229 (2. Ausfahrt), auf der Bundesstraße durch den Ort und 10 km bis zum Routenziel Lennep.

Info: Die Wuppertalsperre zwischen Hückeswagen und Lennep ist ein beliebtes Naherholungsgebiet. Eine Pause am schönen grünen Ufer mit wunderbarem Blick übers Wasser lohnt sich.

Das verträumte Lennep gehört heute zu Remscheid. Die mittelalterliche Altstadt erzählt von einer stolzen Vergangenheit als Hansestadt und wichtiges Zentrum des Bergischen Landes. Hier wurde auch Wilhelm Conrad Röntgen (1845–1923) geboren. Dem Entdecker der Röntgenstrahlen ist das Deutsche Röntgen-Museum gewidmet.

Schwelmer Straße 41, 42897 Lennep, Tel. 021 91/16 33 84, www.roentgen-museum.de

Im schönen Lennep endet die Tour.

Bergisches Land

Visite in der
»Ewigen Stadt«

Homburger Ländchen und Wiehltal

ROUTE 15

(A) **Ausgangsort**
Bielstein (51674)

(E) **Zielort**
Freudenberg (57258)

 111 km    ★★★★    ★★★

Straßentypen (in Prozent der Streckenlänge)

90	10

■ Landstraße/asphaltierte Nebenstraße
■ Bundesstraße/Schnellstraße

Diese Tour können Sie mit Route 11 kombinieren.

i **Kultur- und Touristikamt**
Verkehrsverein
Krottorfer Straße 25
D-57258 Freudenberg
Tel. 027 34/431 64
www.freudenberg-stadt.de

(→ *weitere Adressen siehe Seite 188*)

Abwechslungsreicher geht es fast nicht: Vom wildromantischen Homburger Ländchen führt diese Tour an Stauseen und Höhlen vorbei und durch die einsamen Wälder des Reichshofs. Sogar Rom liegt an der Strecke – obgleich nur der Ortsname an das italienische Original erinnert. Für Anfänger und Wiedereinsteiger ist die Tour gut geeignet, aber auch alte Hasen kommen in der wenig befahrenen Gegend voll auf ihre Kosten.

Tour-Stationen auf einen Blick

Tourlänge: 111 km

Nr.	Ort	PLZ	GPS-Koordinaten
A	Bielstein	D-51674	N 50 57.700 E 07 30.015
2	Drabenderhöhe	D-51674	N 50 56.566 E 07 27.392
3	Marienberghausen	D-51588	N 50 55.245 E 07 29.640
4	Schönthal	D-51588	N 50 54.263 E 07 28.593
5	Homburg	D-51588	N 50 54.718 E 07 31.505
6	Wiehl	D-51674	N 50 56.725 E 07 32.941
7	Brüchermühle	D-51580	N 50 55.704 E 07 38.600
8	Sinspert	D-51580	N 50 58.169 E 07 40.521
9	Eckenhagen	D-51580	N 50 59.283 E 07 41.508
10	Geschleide	D-51702	N 51 00.665 E 07 41.721

Nr.	Ort	PLZ	GPS-Koordinaten
11	Bergneustadt	D-51702	N 51 01.222 E 07 38.933
12	Drolshagen	D-51489	N 51 01.239 E 07 46.666
13	Eichenermühle	D-57489	N 51 01.309 E 07 48.670
14	Wildbergerhütte	D-51580	N 50 56.379 E 07 44.946
15	Hülstert	D-51597	N 50 53.666 E 07 41.542
16	Morsbach	D-51597	N 50 51.860 E 07 43.703
17	Friesenhagen	D-51598	N 50 54.161 E 07 48.743
E	Freudenberg	D-57258	N 50 53.843 E07 52.598

Die Übersicht ist fortlaufend nummeriert und enthält neben den Etappenpunkten zur Orientierung ggf. weitere Orte entlang der Route; Referenzsystem der GPS-Koordinaten: WGS84

1
6 km
L321

Ⓐ **Bielstein in westlicher Richtung auf der Bielsteiner Straße verlassen, nach 500 m links auf die L321 und 5,5 km bis Drabenderhöhe fahren.**

Event-Tipp: Motorradsport-Freunden ist der Bielsteiner Waldkurs ein Begriff. Regelmäßig richtet der MSC Bielstein im Uelpetal nationale und internationale Motocross-Rennen aus.

MSC Bielstein, Paul-Fischbach-Straße 1, 51674 Wiehl, www.msc-bielstein.de

2
4 km
L338

In Drabenderhöhe links auf die L338, 4 km bis Marienberghausen.

Strecke: *Teilstück der Bergischen Route.*

Restaurant- und Hotel-Tipp: Im idyllisch gelegenen Haus Wald-Eck im kleinen Verr kann man gut übernachten und lecker essen. Es gibt Fleisch- und Wildgerichte, vegetarische Küche und Fisch.

Restaurant-Hotel Haus Wald-Eck, 51674 Verr bei Drabenderhöhe/Wiehl, Tel. 022 62/29 39, www.haus-wald-eck.de

3
2,5 km
L350

Am Ortseingang rechts auf die L350 und der Straße 2,5 km bis nach Schönthal folgen.

Einblicke in die Bielsteiner Erzquell-Brauerei.

ROUTE 15

4

6 km

L339

Auf Höhe Schönthal links auf die L339 und 6 km – durch Homburg – bis zur Zufahrt Schloss Homburg.

Info: Schloss Homburg sollte man sich genauer ansehen. Interessant ist vor allem das kulturhistorische Museum, das hier untergebracht ist. Alte Waffen, Rüstungen und Münzen zeugen von der bewegten Vergangenheit der Region. Die historische Küche zeigt, wie es einst an den Kochtöpfen zuging.

Museum des Oberbergischen Kreises, Schloss Homburg, 51588 Nümbrecht, Tel. 022 93/91 01 16, www.schloss-homburg.de, Di–Sa 10–17 Uhr, So 10–18 Uhr.

Restaurant-Tipp: Während der Museumszeiten ist auch das Restaurant Burgschänke im Schloss Homburg geöffnet. Das Angebot reicht von der gemütlichen Kaffeetafel bis zum zünftigen Rittermahl.

5

4 km

L320

An der Zufahrt Schloss Homburg 4 km weiter geradeaus auf der L320 nach Wiehl.

Strecke: *Zwischendurch ein paar schöne Kurven zum Lockerwerden.*

Info: Die Tropfsteinhöhle Wiehl ist ein Stalaktiten- und Stalagmiten- paradies. Sie liegt 1 km südlich von Wiehl an der L320 nach Homburg.

Tropfsteinhöhle Wiehl, im Sommer Mo–Fr 9–17, Sa+So 10–17 Uhr; im Winterhalbjahr nur Sa–So, www.akkh.de/wiehlerhoehle.html

Unterwegs im schönen Homburger Ländchen.

6

7,5 km

L336

In Wiehl in beiden Kreiseln die 1. Ausfahrt nehmen, dann 7,5 km auf der L336 bis Brüchermühle.

Restaurant- und Hotel-Tipp: Das komfortable Waldhotel Hartmann liegt in unmittelbarer Nähe zur Wiehler Tropfsteinhöhle. Es bietet Zimmer mit Minibar sowie ein eigenes Schwimmbad mit Sauna. Für Unterhaltung sorgen zwei Kegelbahnen. Im Sommer kann man auf der großen Außenterrasse des Restaurants den Abend genießen. Waldhotel Hartmann, Pfaffenberg 1, 51674 Wiehl, Tel. 022 62/79 20, www.waldhotel-hartmann.de € € €

7

6 km

–

L148

In Brüchermühle links auf die Olper Straße und 3 km Richtung Talsperre. Bei Schemmerhausen dann rechts auf die L148, 3 km bis Sinspert.

Strecke: Kurvenreiche Strecke mit Ausblick auf die Wiehltalsperre.

Info: Kennen Sie diesen Anblick? Die grüne Insel? Die Wiehltalsperre ist in ganz Deutschland bekannt, weil eine große Brauerei sie in einem ihrer Werbespots zeigt: Im Kameraflug geht es über den strahlend blauen See, untermalt von Flötentönen. Die Talsperre dient der Trinkwasserversorgung. Baden ist deshalb leider strikt untersagt.

8

4,5 km

L96
L324

 An der A4 bei Sinspert links auf die L96, durch den Ort und 4,5 km auf der L324 nach Eckenhagen.

9

3 km

K50

In Eckenhagen links auf die K50, der Straße 3 km über Hahnbuche bis Geschleide folgen.

Info: Auf 80 000 Quadratmetern finden im Affen- und Vogelpark bei Eckenhagen auch erwachsene Tierfreunde jede Menge Kurzweil. Der Park ist ab Ortsmitte Eckenhagen ausgeschildert.

Affen- und Vogelpark Eckenhagen, Am Bromberg 6, 51580 Eckenhagen, Tel. 022 65/87 86, www.affen-und-vogelpark.de, Mo–Fr 14–19 Uhr, Sa, So 9–19 Uhr.

10

4 km

K23

An der T-Kreuzung bei Geschleide links auf die K23 und 4 km bis nach Bergneustadt – in den Ort.

Info: Wer Lust auf einen Bummel hat, kann sich in Bergneustadt die Beine vertreten: ein typisches Städtchen des Bergischen Lands mit pittoresken Gassen, Fachwerkhäusern und einer alten Kirche.

11

12 km

B55

 In Bergneustadt rechts auf die B55, dann 12 km über Wegeringhausen bis Drolshagen.

A Aggertalsperre

⊠ **Restaurant-Tipp:** Der Motorradtreff Alt-Aggersee an der Aggertalsperre hat während der Saison ein »All-you-can-eat«-Fühstücksbüffet im Angebot. Für kleines Geld wird hier jeder satt – und frühstückt fast wie zu Hause.

Motorradtreff Alt-Aggersee, Frömmersbacher-straße 58, 51647 Gummersbach-Lantenbach, Tel. 022 61/617 54.

 **Info:** Sie ist die Königin der Talsperren – die schönste des Bergischen Landes. Wie ein Magnet zieht die Aggertalsperre im Sommer Erholungssuchende an. Zum Baden, Segeln, Wandern und Motorradfahren herrschen ideale Bedingungen. Die Strecke am See ist fahrerisch interessant und bietet herrliche Blicke. Von Bergneustadt sind es auf der K23 2,5 Kilometer bis zur Sperrmauer Aggertalsperre.

12
3,5 km
B55

 In Drolshagen geradeaus in Richtung A45, weiterhin auf der B55 und 3,5 km bis zum Abzweig der L351 bei Eichenermühle.

Strecke: Mit Schwung in die letzten, spannenden Kilometer der Tour!

13
16 km
L351

 Jetzt rechts durch Eichenermühle und 16 km – beständig auf der L351 – nach Wildbergerhütte.

Strecke: Lange, kurvenreiche Streckenfolge.

14
8 km
L324

 In Wildbergerhütte nach dem Sportplatz rechts auf die L324, dann 8 km über Erdingen bis Hülstert.

Strecke: Teilweise entlang der Sieg-Bröl-Route, kurvenreich und sehr schön. Bei Lichtenberg reizvoller Abstecher ins Dörfchen Rom.

15
5,5 km
L336

 In Hülstert links auf die L336, 5,5 km bis Morsbach und durch den Ort.

A Das Dörfchen Rom

Restaurant- und Hotel-Tipp: Zwischen Erdingen und Hülstert liegt unweit der Strecke das Dörfchen Rom. Ansichtskarten aus der »Ewigen Stadt« gibt es im Hotel zum Römertal, wo man im Übrigen auch gut essen kann.

Hotel zum Römertal, Rom 10, 51597 Morsbach, Tel. 022 94/235, www.hotel-zum-roemertal.de €

Rom liegt auch im Bergischen Land.

ROUTE 15

16
8,5 km
L336
L278

Am Ortsende Morsbach links auf die L336 (später L278) und 8,5 km Richtung Friesenhagen.

Strecke: Ansprechende Kurven durchs schöne Wildenburgische Land.

17
1,5 km
L280

Vor Friesenhagen bei Crottorf rechts auf die L280, 1,5 km bis ins Zentrum von Friesenhagen.

18
8,5 km
L280
L562

In Friesenhagen geradeaus – weiterhin auf der L280, später L562 – 8,5 km bis nach Freudenberg.

Strecke: Spannend zu fahrendes Finale: ein Reigen aus Kurven, Steigungen und Gefällen.

Info: Freudenberg mit seinen schwarz-weißen Fachwerkhäusern ist als Ensemble ein reizendes Baudenkmal – der Blick über die Stadt ein Genuss. Freunde historischer Fahrzeuge können hier auch ein interessantes Technikmuseum besichtigen. Zu den Attraktionen zählen u. a. Dampfmaschinen, alte Arbeitsmaschinen, eine Schmiede, Oldtimertraktoren sowie Standmotoren.

Freunde historischer Fahrzeuge Freudenberg e.V., Olper Straße 5, 57258 Freudenberg, Tel. 027 34/80 90, www.technikmuseum-freudenberg.de, Mai–Okt. So 10–18 Uhr.

Kopfsteinpflaster und altes Fachwerk in Freudenberg.

Fachwerk, Burgen, Serpentinen

Zwischen Sieg und Brot.

■ ■ ■ ■ ■ ■ ■

ROUTE 16

Ⓐ Ausgangsort
Hennef/Sieg (53773)

Ⓔ Zielort
Hennef/Sieg (53773)

 134 km  ★★★   ★★★

Straßentypen (in Prozent der Streckenlänge)

70	30

■ Landstraße/asphaltierte Nebenstraße
■ Bundesstraße/Schnellstraße

Diese Tour können Sie mit Route 17 kombinieren.

ℹ Verkehrsverein Windecker Ländchen e.V.
Rathausstraße 12
D-51570 Windeck-Rosbach
Tel. 022 92/60 10
tourismus@gemeinde-windeck.de
www.windeck-online.de

(→ *weitere Adressen siehe Seite 188*)

Appetit auf Abenteuer und Genuss? Entlang der Wasserläufe von Sieg und Bröl warten kurvige Landstraßen, einladende Orte und malerische Burgruinen. Die verträumte, stille Landschaft bietet zudem viele Gelegenheiten, beim Biken einen freien Kopf zu bekommen und die Seele baumeln zu lassen. Eine Tour für alle Cruiser, die einen flotten Ritt zwischendurch nicht scheuen.

ROUTE 16 — Bergisches Land – Fachwerk, Burgen, Serpentinen

Tour-Stationen auf einen Blick

Tourlänge: 134 km

Nr.	Ort	PLZ	GPS-Koordinaten
(A)	Hennef/Sieg	D-53773	N 50 46.228 E 07 17.788
2	Alzenbach	D-53783	N 50 46.243 E 07 29.093
3	Schönenberg	D-53809	N 50 50.358 E 07 25.950
4	Eitorf	D-53783	N 50 46.280 E 07 27.026
5	Alzenbach	D-53783	N 50 46.239 E 07 29.120
6	Schladern	D-51570	N 50 48.714 E 07 36.204
7	Hamm/Sieg	D-57577	N 50 45.928 E 07 40.398
8	Wissen	D-57537	N 50 46.994 E 07 44.066
9	Volperhausen	D-51597	N 50 50.311 E 07 42.046
10	Escherhof	D-51545	N 50 52.719 E 07 38.906

Nr.	Ort	PLZ	GPS-Koordinaten
11	Waldbröl	D-51545	N 50 53.659 E 07 37.253
12	Altennümbrecht	D-51588	N 50 53.840 E 07 32.059
13	Schönhausen	D-51588	N 50 51.299 E 07 30.920
14	Ruppichteroth	D-53809	N 50 50.735 E 07 29.268
(E)	Hennef/Sieg	D-53773	N 50 46.228 E 07 17.788

Die Übersicht ist fortlaufend nummeriert und enthält neben den Etappenpunkten zur Orientierung ggf. weitere Orte entlang der Route; Referenzsystem der GPS-Koordinaten: WGS84

1

17,5 km
L333

Start in Hennef an der Sieg, 17,5 km auf der L333 entlang der Sieg über Eitorf nach Alzenbach.

Strecke: Auf der Siegtal-Route, die von der Quelle der Sieg im Rothaargebirge bis zum Rhein bei Bonn führt.

Info: Das gut 750 Jahre alte, historische Zentrum Blankenbergs bei Hennef lockt mit seinen schmalen Gassen zwischen romantischen Fachwerkhäusern und der alles überragenden Burgruine.

Restaurant- und Hotel-Tipp: Das Haus Sonnenschein in Blankenberg verwöhnt seine Gäste mit Fisch- und Wildspezialitäten. Ein besonderes Highlight ist die Rittertafel für Gruppen ab 15 Personen. Nachmittags gibt es leckere bergische Waffeln.

Hotel-Restaurant Haus Sonnenschein, Mechtildisstraße 16, 53773 Blankenberg, Tel. 022 48/92 00, www.hotel-haus-sonnenschein.de €€

Event-Tipp: Das quirlige Hennefer Stadtfest mit Buden, Bühnen und Bierpilzen wird jährlich im September veranstaltet (www.hennef.de).

2

11 km
L317

In Alzenbach links abbiegen, über die Sieg, und 11 km auf der L317 bis nach Schönenberg fahren.

Strecke: Beginn einer reizvollen Schlaufe um Eitorf.

Der Katharinenturm in der Blankenberger Altstadt.

ROUTE 16

Bergisches Land – Fachwerk, Burgen, Serpentinen

3
10 km
L86
B478

In Schönenberg links auf die B478, dann gleich wieder links auf die L86 und der Straße 9,5 km zurück bis Eitorf folgen.

Strecke: Wild geschwungene, kurvenreiche Fahrt.

4
4 km
L333

Am Ortseingang über die Sieg, dann links auf die L333. Jetzt durch Eitorf und 4 km bis Alzenbach.

5
19 km
L333

In Alzenbach diesmal rechts – weiter auf der L333 – und 19 km über Hoppengarten nach Schladern.

Strecke: Abwechslungsreiche Strecke durchs Windecker Ländchen.

Info: Hoch über der Sieg thront die knorrige Burgruine Windeck. Der Aufstieg lohnt sich: Vom Wahrzeichen des Windecker Ländchens hat man nicht nur einen fantastischen Blick über das Siegtal – es gibt auch eine schöne Burgschänke mit Biergarten.

Restaurant- und Hotel-Tipp: Das denkmalgeschützte Landhotel Bergischer Hof in Windeck bietet Stellplätze und rheinisch-bergische Küche.
Flair Hotel Bergischer Hof, Elmoresstraße 8, 51570 Windeck-Schladern,
Tel. 022 92/22 83, www.bergischer-hof.de €€

Pause im schönen Windecker Ländchen.

6

12 km

B256

Am Ortsausgang Schladern geradeaus auf die B256 und 12 km bis Hamm an der Sieg – durch den Ort.

Strecke: Eben noch in Nordrhein-Westfalen, geht es kurz vor Hamm über die Grenze nach Rheinland-Pfalz.

Info: Im Waldschwimmbad Thalhauser Mühle in Hamm kann man sich nach langer Fahrt erfrischen. Das Naturfreibad bietet eine fast zwei Hektar große Wasserfläche mit riesiger Liegewiese.
Waldbad Thalhauser Mühle, 57577 Hamm/Sieg, Tel. 026 82/34 20, www.hamm-sieg.de

7

5 km

B62

Bei Roth hinter Hamm links auf die B62 abbiegen und 5 km bis nach Wissen fahren.

Restaurant-Tipp: Beim Sportstadion von Wissen (ausgeschildert) lädt der bikerfreundliche Stadion-Treff zu einem Boxenstopp ein. Es gibt einen Biergarten und serviert wird gutbürgerliche Küche. Gleich nebenan befindet sich das Wissener Freibad.
Stadion-Treff, Stadionstraße 39, 57537 Wissen, Tel. 027/96 87 99.

8

7 km

L278

In Wissen links, auf der L278 geht es 7 km nordwärts bis nach Volperhausen.

Fast wie aus einer anderen Zeit: ländliche Idylle im Wisserland an der Sieg.

9

9,5 km

L324

In Volperhausen links, 9,5 km auf der L324 über Holpe in Richtung Waldbröl fahren.

Strecke: Sehr kurvenreiches Asphaltband durch den Nutscheid.

Info: Der bewaldete Höhenzug Nutscheid zwischen Sieg und Bröl ist einer der größten Forste im Bergischen Land.

10

1,5 km

L339

In Escherhof kurz vor Waldbröl links auf die L339, dann 1,5 km nach Waldbröl hinein.

Event-Tipp: Viel zu sehen und natürlich auch zu kaufen gibt es auf dem Vieh- und Krammarkt in Waldbröl. Bis zu 250 Händler bieten hier alle 14 Tage – immer donnerstags – in der Waldbröler Innenstadt ihre Waren feil (www.waldbroel.de).

11

1,5 km

B256

In Waldbröl an der B256 links, nach 1 km rechts und 0,5 km bis zur Einmündung in die L38.

12

7 km

L38

Jetzt links abbiegen und 7 km der L38 bis nach Altennümbrecht folgen.

Unterwegs im Nutscheid-Wald.

ROUTE 16

Bergisches Land – Fachwerk, Burgen, Serpentinen

13
5 km
L320

In Altennümbrecht links abbiegen, auf der L320 5 km in Richtung Ruppichteroth bis Schönhausen.

Strecke: Auf der Sieg-Bröl-Route.

14
2,5 km
B478

In Schönhausen rechts auf die B478, 2,5 km nach Ruppichteroth fahren.

15
21 km
B478

Geradeaus durch Ruppichteroth und 21 km zurück nach Hennef auf der B478.

Strecke: Sehr kurvenreiche Fahrt durch das liebliche Bröltal.

Info: Die wasserumwehrte Burg Herrnstein zwischen Bröleck und Ingersau, bewohnt von den Grafen von Nesselrode, ist ebenso sehenswert wie der historische Ortskern von Ruppichteroth.

Event-Tipp: Schrauber, Sammler und Biker, die Freude an klassischen Motorrädern und Autos haben, treffen sich bei den Oldtimertagen in Hennef an der Sieg. Sie werden zweimal jährlich an einem Wochenende im Frühjahr und im späten Herbst abgehalten. Termine und Informationen gibt es im Internet (www.oldtimertage-hennef-sieg.de).

Zwischen Sieg und Bröl warten
Kurven, Kurven, Kurven!

Bergisches Land

Zum Drachenfels

Vom Siegerland ins Siebengebirge

17

ROUTE 17

 (A) Ausgangsort
Siegen (57080)

(E) Zielort
Königswinter (53639)

 123 km   ★★★   ★★★

Straßentypen (in Prozent der Streckenlänge)

60	40

■ Landstraße/asphaltierte Nebenstraße
■ Bundesstraße/Schnellstraße

Diese Tour können Sie mit Route 16 kombinieren.

ℹ Tourismus Siebengebirge GmbH
Drachenfelsstraße 5
D-53639 Königswinter
Tel. 022 23/91 77 11
info@siebengebirge.com
www.siebengebirge.com

(→ *weitere Adressen siehe Seite 188*)

Eine Tour voll Kontraste – und Berge!
Vom hügeligen Siegerland, wo Aussichtstürme
fantastische Rundblicke in weites Grün bieten,
geht es mitten durch die Kroppacher Schweiz und
das Tal der Nister. Die auch für Motorradfahrer
interessante Raiffeisenstraße führt hinein ins
beeindruckende Rheintal und in das
reizvolle Siebengebirge.

Tour-Stationen auf einen Blick

Tourlänge: 123 km

Nr.	Ort	PLZ	GPS-Koordinaten
Ⓐ	Siegen	D-57080	N 50 51.015 E 07 59.847
2	Betzdorf	D-57518	N 50 47.216 E 07 52.886
3	Steineroth	D-57518	N 50 45.689 E 07 51.138
4	Steinebach	D-57520	N 50 43.412 E 07 48.762
5	Kroppach	D-57612	N 50 41.456 E 07 43.441
6	Eichelhardt	D-57612	N 50 42.907 E 07 42.126
7	Hilgenroth	D-57612	N 50 44.311 E 07 38.995
8	Altenkirchen	D-57610	N 50 41.184 E 07 38.495
9	Weyerbusch	D-51653	N 50 42.754 E 07 33.036
10	Flammersfeld	D-57632	N 50 38.770 E 07 31.463

Nr.	Ort	PLZ	GPS-Koordinaten
11	Bürdenbach	D-56593	N 50 37.336 E 07 31.941
12	Neustadt/Wied	D-53577	N 50 37.488 E 07 25.628
13	Unkel	D-53572	N 50 35.923 E 07 13.422
Ⓔ	Königswinter	D-53639	N 50 40.806 E 07 11.776

Die Übersicht ist fortlaufend nummeriert und enthält neben den Etappenpunkten zur Orientierung ggf. weitere Orte entlang der Route; Referenzsystem der GPS-Koordinaten: WGS84

1
22,5 km
B62

 (A)

Von der Abfahrt Siegen (A 45) auf die B62 und der Bundesstraße 22,5 km nach Betzdorf folgen.

Strecke: Schöne Strecke entlang der Sieg Richtung Kroppacher Schweiz.

2
4 km
L280
L288

In Betzdorf geradeaus und von der B62 auf die L280. Nach 500 m rechts, dann links und über die Steinerother Straße (L288) 3,5 km nach Steineroth.

Strecke: Im Zickzack durch die Stadt – und wieder ins Grün.

3
6,5 km
L281

Geradeaus durch Steineroth auf die L281 und 6,5 km – über Gebhardshain – bis zur Abzweigung der L265 bei Steinebach.

4
9 km
L265

Hier scharf rechts auf die L265 abbiegen und 9 km über Mörsbach bis Kroppach – durch den Ort.

Strecke: Reizvolle Fahrt durch dichten Wald.

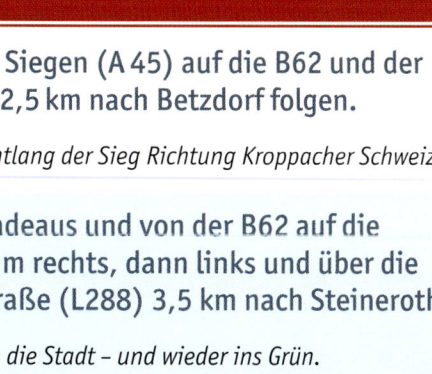

Da schlagen Motorradfahrerherzen höher: die Nebenstrecken der Kroppacher Schweiz.

ROUTE 17

5
4 km
B414
L290

Hinter Kroppach am Gewerbegebiet rechts und nach 0,5 km gleich wieder rechts auf die L290. Dann 3,5 km auf der Landstraße bis Eichelhardt.

6
6,5 km
–

In Eichelhardt geradeaus über die B256 und auf der Hauptstraße in den Ort. Jetzt 6,5 km auf kleinen Straßen über Nassen und Marienthal bis Hilgenroth.

Info: In Marienthal befindet sich ein ehemaliges Franziskanerkloster aus dem 17. Jahrhundert, heute eine Tagungs- und Bildungsstätte.

Restaurant- und Hotel-Tipp: Das bikerfreundliche Landhotel Marienthaler Hof bietet Motorradunterstände und einen schönen Biergarten. Am Kloster 4, 57577 Marienthal, Tel. 026 82/220, www.marienthaler-hof.de €

7
2 km
–

Geradeaus durch Hilgenroth und 2 km bis zur L267.

8
7 km
L267

Jetzt links auf die L267 und 7 km bis Altenkirchen.

Info: Im netten Städtchen Altenkirchen lohnt sich ein Zwischenstopp mit Spaziergang durch die beschauliche Fußgängerzone.

9

8 km

B8

In Altenkirchen am Bahnhof rechts auf die B8, dann 8 km über Birnbach bis Weyerbusch.

Strecke: Unterwegs auf der Historischen Raiffeisenstraße.

Info: Die Historische Raiffeisenstraße setzt dem deutschen Sozialreformer und Mitbegründer der Genossenschaftlichen Bewegung Friedrich Wilhelm Raiffeisen (1818–1888) ein Denkmal. Sie verläuft von seinem Geburtsort Hamm bis Neuwied, wo er lange Zeit wirkte.

Im kleinen Ort Weyerbusch, ebenfalls Station der Raiffeisenstraße, war der Sozialreformer einst Bürgermeister. Hier baute er nach der Missernte und Hungersnot von 1846/47 ein Backhaus und gründete einen »Brotverein«, der Armen zu Krediten verhalf. Das Backhaus steht heute noch und dient als Begegnungsstätte.

Restaurant-Tipp: Das Restaurant-Café »Na endlich« im Haus Felsenkeller in Altenkirchen verarbeitet nur frische Produkte von zertifizierten Biohöfen der Region. Die leckere Pizza wird mit frisch vermahlenem Weizen gebacken. Es gibt sogar mit Bio-Gerste und Bio-Hopfen gebrautes Bier und Hefeweizen – natürlich auch alkoholfrei.

»Na endlich« im Haus Felsenkeller, Heimstraße 4, 57610 Altenkirchen, Tel. 026 81/38 70, www.haus-felsenkeller.de, Di–Do 19–24 Uhr, Fr, Sa 19–1 Uhr, So 10–14 Uhr (Frühstücksbuffet).

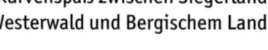

Kurvenspaß zwischen Siegerland, Westerwald und Bergischem Land.

ROUTE 17

10

12 km

L267
B256

In Weyerbusch links auf die Raiffeisenstraße (L276) und 12 km – später auf der B256 – über Flammersfeld bis Bürdenbach-Bruchermühle fahren.

Info: Auch der Ort Flammersfeld spielte eine wichtige Rolle im Leben Friedrich Wilhelm Raiffeisens. Hier befindet sich das alte Haus, in dem er 1848–52 als Flammersfelder Bürgermeister arbeitete. Im unteren Bereich des Gebäudes ist heute ein aufschlussreiches Museum eingerichtet, in dem Besucher erleben können, wie zu Raiffeisens Zeiten gearbeitet und gelebt wurde.
Tel. 026 85/686, www.raiffeisenmuseum-flammersfeld.de

11

11 km

L269

In Bürdenbach-Bruchermühle rechts auf die L269, 11 km über Burglahr bis Neustadt/Wied fahren.

Strecke: Schöne kurvenreiche Strecke entlang der Wied.

Info: Der Alvenslebenstollen in Burglahr ist ein 1 546 Meter langer Entwässerungsstollen des ehemaligen Eisenbergwerks Grube Louise. Mineralienfreunden ist die Grube vor allem als Fundort besonders seltener und schöner Mineralien ein Begriff.
Besichtigungen mit Führung nach Vereinbarung, Tel. 026 85/80 90.

12
21 km
L252

In Neustadt links über die Wied auf die L252 und 21 km geradeaus bis nach Unkel am Rhein.

Strecke: Kurvige Strecke durch den Vorderwesterwald.

13
9 km
B42

Bei Unkel rechts auf die B42, dann 9 km am Rheinufer entlang über Bad Honnef nach Königswinter.

Strecke: Gut ausgebaute, stark befahrene Bundesstraße.

 Info: Zahlreiche Attraktionen bietet der Drachenfels zwischen Königswinter und Bad Honnef: Die Drachenfelsbahn, die Drachenburg, die Nibelungenhalle mit Drachenhöhle und den Reptilienzoo. Auf halbem Weg zum Berg lockt das Weinhaus Winzerhäuschen.

Restaurant- und Hotel-Tipp: Das Maritim Hotel in Königswinter ist eine luxuriöse Herberge direkt am Rhein mit Faible für Motorradfahrer und eigener Tiefgarage.
Rheinallee 3, 53639 Königswinter, Tel. 022 33/70 70, www.maritim.de €€€

Event-Tipp: Immer am ersten Samstag im Mai erleuchten 2 000 rote Bengalfeuer das Rheintal. Die Höhenfeuerwerke in Unkel und Königswinter sowie über 50 bunt beleuchtete Schiffe sorgen für ein unvergleichliches Erlebnis (www.www.rhein-in-flammen.de).

Hinauf geht's mit der Drachenfelsbahn.

NÜTZLICHE ADRESSEN

Route 1 (→ *siehe Seite 9*)

Ruhr Tourismus GmbH
Centroallee 261
D-46047 Oberhausen
Tel. 028/89 95 90
www.ruhr-tourismus.de

Duisburg Marketing GmbH
Landfermannstraße 6
D-47051 Duisburg
Tel. 02 03/30 52 50
service@duisburg-marketing.de
www.visit-duisburg.de

Route 2 (→ *siehe Seite 19*)

Münster Marketing
Klemensstraße 10
D-48143 Münster
Tel. 02 51/492 27 10
Hotels: Tel. 02 51/492 27 26
tourismus@stadt-muenster.de
www.muenster.de

Verkehrsverein Isselburg
Markt 9
D-46419 Isselburg
Tel. 028 74/94 23 44
info@isselburg-online.de
www.isselburg-online.de

Route 3 (→ *siehe Seite 29*)

Tourist Information Xanten
Kurfürstenstraße 9
D-46509 Xanten

Tel. 028 01/983 00
info@xanten.de
www.xanten.de

infoCenter Emmerich
Rheinpromenade 27
D-46446 Emmerich am Rhein
Tel. 028 22/93 10 40
infocenter@stadt-emmerich.de
www.emmerich.de

Route 4 (→ *siehe Seite 39*)

Tourist-Info Lennestadt & Kirchhundem
Hundemstraße 18 (im Bahnhofsgebäude)
D-57368 Lennestadt-Altenhundem
Tel. 027 23/60 88 00
info@lennestadt-kirchhundem.de
www.lennestadt-kirchhundem.info

Brilon Wirtschaft & Tourismus GmbH
Derkere Straße 10a
D-59929 Brilon
Tel. 029 61/969 90
bwt@brilon.de
www.brilon-tourismus.de

Route 5 (→ *siehe Seite 49*)

Attendorner Hanse GmbH (Tourist-Info)
Rathauspassage
D-57439 Attendorn
Tel. 027 22/48 97
Attendorner-Hanse@t-online.de
www.attendorn.de/tourismus

Verkehrsverein Drolshagen
Am Mühlenteich 1
D-57489 Drolshagen
Tel. 027 61/97 01 81
buergerbuero@drolshagen.de
www.drolshagen-verkehrsverein.de

Route 6 (→ *siehe Seite 61*)

Verkehrsverein Arnsberg
Neumarkt 6
D-59821 Arnsberg
Tel. 029 31/40 55
VV-Arnsberg@t-online.de
www.arnsberginfo.de

Tourist-Info Meschede und Hennesee
Von-Stephan-Straße 2
D-59872 Meschede
Tel. 02 91/902 24 43
bestwig@hennesee-tourismus.de
www.hennesee-tourismus.de

Route 7 (→ *siehe Seite 72*)

Kur- & Freizeit GmbH
Schmallenberger Sauerland
Poststraße 7
D-57392 Schmallenberg
Tel. 029 72/974 00
info@schmallenberger-sauerland.de
www.schmallenberger-sauerland.de

Tourist-Information Winterberg
Am Kurpark 6
D-59955 Winterberg

Tel. 029 81/925 00
info@winterberg.de
www.winterberg.de

Route 8 (→ *siehe Seite 85*)

Brilon Wirtschaft & Tourismus GmbH
Derkere Straße 10a
D-59929 Brilon
Tel. 029 61/969 90
bwt@brilon.de
www.brilon-tourismus.de

Tourist-Information Marsberg
Lillers-Straße 3
D-34431 Marsberg
Tel. 029 92/82 00
info@marsberg.de
www.marsberg.de

Route 9 (→ *siehe Seite 95*)

Touristikverein Bad Berleburg
Poststraße 44
D-57319 Bad Berleburg
Tel. 027 51/936 33
info@wunderwelt-am-rothaarsteig.de
www.touristik-bad-berleburg.de

Tourist-Information Bad Laasphe
Wilhelmsplatz 3
D-57334 Bad Laasphe
Tel. 027 52/898 und 027 52/20 00 81
badlaasphe@t-online.de
www.bad-laasphe.de

NÜTZLICHE ADRESSEN

Route 10 (→ *siehe Seite 107*)

Verkehrsamt Rüthen
Hochstraße 14
D-59602 Rüthen
Tel. 029 52/81 81 14
post@ruethen.de
www.ruethen.de

Bad Wünnenberg Touristik GmbH
Im Aatal 3
D-33181 Bad Wünnenberg
Tel. 029 53/998 80
info@bad-wuennenberg.de
www.bad-wuennenberg.de

Route 11 (→ *siehe Seite 121*)

Tourist-Information Nümbrecht
Lindchenweg 1
D-51588 Nümbrecht
Tel. 022 93/90 94 80
info@nuembrecht-online.de
www.nuembrecht.de

Tourist-Information Wipperfürth
Marktplatz 1 (Rathaus)
D-51688 Wipperfürth
Tel. 022 67/643 19
info@stadt-wipperfuerth.de
www.wipperfuerth.de

Route 12 (→ *siehe Seite 131*)

Stadt Solingen
Rathausplatz 1
D-42651 Solingen
Tel. 02 12/290 36 01
stadtinfo@solingen.de
www.solingen.de

Tourist-Information Remscheid
Theodor-Heuss-Platz 1 (Rathaus)
D-42853 Remscheid
Tel. 021 91/16 22 86
touristik@str.de
www.remscheid.de

Route 13 (→ *siehe Seite 141*)

i-Punkt Altenberg
Eugen-Heinen-Platz 2
D-51519 Odenthal-Altenberg
Tel. 021 74/41 99 50
ipunkt@altenberg-info.de
www.altenberg-info.de

Naturarena Bergisches Land Tourismus
Eichenhofstraße 31
D-51789 Lindlar
Tel. 022 66/46 33 77
info@naturarena.de
www.naturarena.de

Route 14 (→ *siehe Seite 151*)

Stadt Breckerfeld
Frankfurter Straße 38
D-58339 Breckerfeld
Tel. 023 38/80 90
info@breckerfeld.de
www.breckerfeld.de

Tourist-Information Wipperfürth
Marktplatz 1 (Rathaus)
D-51688 Wipperfürth
Tel. 022 67/643 19
info@stadt-wipperfuerth.de
www.wipperfuerth.de

Route 15 (→ *siehe Seite 159*)

Tourist-Information Nümbrecht
Lindchenweg 1
D-51588 Nümbrecht
Tel. 022 93/90 94 80
info@nuembrecht-online.de
www.nuembrecht.de

Tourist-Information Drolshagen
Am Mühlenteich 1
D-57489 Drolshagen
Tel. 027 61/97 01 81
buergerbuero@drolshagen.de
www.drolshagen.de

Route 16 (→ *siehe Seite 169*)

Tourist-Information Hennef
Frankfurter Straße 97
D-53773 Hennef
Tel. 022 42/194 33
info@hennef.de
www.hennef.de

Westerwald Touristik-Service
Kirchstraße 48a
D-56410 Montabaur
Tel. 026 02/300 10
info@westerwald.info
www.westerwald.info

Route 17 (→ *siehe Seite 179*)

Westerwald Touristik-Service
Kirchstraße 48a
D-56410 Montabaur
Tel. 026 02/300 10
info@westerwald.info
www.westerwald.info

Tourist-Information Bonn
Windeckstraße 1
D-53111 Bonn
Tel. 02 28/77 50 00
bonninformation@bonn.de
www.bonn.de

ADAC **ADAC Pannenhilfe aus dem Festnetz: 018 02 / 22 22 22** *(bundesweit 6 Cent/Anruf)*

ADAC Pannenhilfe aus dem Mobilfunknetz: 22 22 22 *(aus allen Netzen, Tarif abhängig vom Mobilfunkanbieter)*

Informationen ADAC Fahrsicherheitstraining: 018 05 / 12 10 12 *(14 Cent/Min.)*

www.adac.de/motorrad
www.adac.de/motorradtouren

REGISTER

REGISTER

IMPRESSUM

Autoren

Anne Christine Martin und Stefan Feldhoff (Route 1–4, Route 11).
Hans Michael Engelke (Route 5–10, 12–17).

Impressum

Ein ADAC Motorradführer in Zusammenarbeit mit dem Bruckmann Verlag
Neu bearbeitete Auflage 2010
© Bruckmann Verlag GmbH, München (Inhalte)
© 2009 ADAC Verlag GmbH, München (Konzept und Gestaltung)
Projektleitung: Dr. Hans-Joachim Völse
Produktmanagement: Jens van Rooij, Claudia Hohdorf
Lektorat: Stefan Feldhoff, Feldhoff & Martin, Merxleben
Covergestaltung: Parzhuber und Partner, München
Layout/Satz: Eva Klaffenböck, grafikatelier luk, München
Kartografie: Anneli Nau, nau-kartoGraphik, München
Repro: Cromika s.a.s., Verona; Herstellung: Thomas Fischer
Printed in Italy by Printer Trento S.r.l.
ISBN: 978-3-89905-760-7

Bildnachweis

Coverbild: Feldhoff & Martin
Fotos im Innenteil: Anne Christine Martin und Stefan Feldhoff: 4, 8–15, 18–26, 28–46, 47 unten.
Hans Michael Engelke: 5-7, 48–55, 57, 58, 60–70, 72–81, 84–95, 101, 105–114, 117, 120–187.
Weitere Bilder: 16: © RitchiS1/PIXELIO; 17: Herrmann/Panthermedia; 27: Karolin Seinsche/Münster Marketing, 47: Peter Kehrle – www.fotogeist.com; 56: Krombacher Gruppe ; 59: Personenschifffahrt Biggesee; 71: Klaus Deuters/Sauerland Tourismus; 83: © Didi01/PIXELIO; 98: © Didi01/PIXELIO; 104: Hoetzel/Panthermedia; 116: Hötzel/Panthermedia, 119: Stadt Rüthen.

Zuschriften an

ADAC Verlag GmbH, 81365 München
tourbooks-motorrad@adac.de

Alle Fakten wurden nach bestem Wissen und Gewissen mit der größten möglichen Sorgfalt recherchiert. Redaktion und Verlag können jedoch nicht für absolute Richtigkeit und Vollständigkeit der Angaben Gewähr leisten. Der Verlag ist für alle Hinweise und Verbesserungsvorschläge jederzeit dankbar.